新时代网络能力提升
研　究　丛　书

信息化发展驾驭能力研究

主编　张传新　何扬
副主编　王学磊　罗铮　李庆松

人 民 邮 电 出 版 社
北　京

图书在版编目（ＣＩＰ）数据

信息化发展驾驭能力研究 / 张传新，何扬主编. --
北京：人民邮电出版社，2020.10
　（新时代网络能力提升研究丛书）
　ISBN 978-7-115-54206-9

　Ⅰ．①信… Ⅱ．①张… ②何… Ⅲ．①信息化－研究
Ⅳ．①G202

中国版本图书馆CIP数据核字(2020)第110900号

内 容 提 要

　　本书介绍了信息化理论的基本内容，回溯了信息化理论的发展脉络，归纳了当代信息革命的影响；系统梳理了国内外信息化发展的总体情况、前沿技术及部分国家的战略规划；从优化信息化发展环境、增强信息化发展能力和提高信息化应用水平这3个层面，系统阐述了驾驭信息化发展的具体方法与途径。全书还介绍了在推进信息化工作中可资借鉴的做法与值得注意的问题。

　　本书适合广大党员干部和互联网从业人员阅读，可以帮助读者加深对信息化的了解，在面对改革发展的新需求、新情况时，能够抓住机遇、急流勇进，结合实际工作，积极探索和推进信息化发展。

◆ 主　　编　张传新　何　扬
　　副 主 编　王学磊　罗　铮　李庆松
　　责任编辑　邓昱洲
　　责任印制　李　东　陈　犇

◆ 人民邮电出版社出版发行　　北京市丰台区成寿寺路 11 号
　　邮编　100164　　电子邮件　315@ptpress.com.cn
　　网址　https://www.ptpress.com.cn
　　大厂回族自治县聚鑫印刷有限责任公司印刷

◆ 开本：700×1000　1/16
　　印张：15.25　　　　　　　　　　2020 年 10 月第 1 版
　　字数：153 千字　　　　　　　　2020 年 10 月河北第 1 次印刷

定价：49.00 元

读者服务热线：(010)81055552　　印装质量热线：(010)81055316
反盗版热线：(010)81055315
广告经营许可证：京东市监广登字 20170147 号

作为 20 世纪人类最伟大的科技发明之一，互联网及其应用的出现极大地改变了人类的生产生活方式。一个巨大而共通的网络信息空间拉平了世界，万物互联的愿景已呈现在人类面前。

风云激荡，斗转星移，信息的流动与人类文明的流转命运相连。如果说文字的出现使人类告别了蒙昧和野蛮，迎来了开化与文明，那么互联网的发明则把人类社会分成了"网前"和"网后"两个时代。伴随着以互联网为代表的技术革新，人类社会进入了一个开放共享的全新纪元，中国也翻开了高速发展、科学发展和创新发展的崭新诗篇。

中国特色社会主义进入新时代，党和国家各项事业站在新的历史起点上，各级党政领导班子和领导干部必须不断提高适应新时代中国特色社会主义发展要求的能力。中共中央办公厅印发的《2019—2023 年全国党政领导班子建设规划纲要》提出，实施"干部专业化能力提升计划"，提升专业能力，弘扬专业精神，推动形成又博又专、推陈出新的素养结构，使领导干部成为精通业务的内行领导，使领导班子专业素养整体适应地方发展需要、单位核心职能。在网络信息时代，

网络能力和网络素养成为各级党政领导班子和领导干部专业能力及专业素养的重要方面和重要内容，必须不断强化与大力提升。

党的十八大以来，习近平总书记站在人类历史发展的角度和中国特色社会主义事业全局的高度，多次就党员干部学习和运用互联网作出重要论述，强调推进网络强国建设，推动我国网信事业发展，让互联网更好造福国家和人民。2018年4月，习近平总书记在全国网络安全和信息化工作会议上指出，各级领导干部特别是高级干部要主动适应信息化要求、强化互联网思维，不断提高对互联网规律的把握能力、对网络舆论的引导能力、对信息化发展的驾驭能力、对网络安全的保障能力。

以上提及的"四个能力"从"学习互联网""认识互联网""使用互联网""保障互联网"四个维度出发，它们彼此之间相互契合，又各自包含对党员干部网络素养的不同要求。在学习和认识互联网方面，要求党员干部了解互联网的技术特征以及互联网在当前发展阶段的社会意义，将充分认识互联网作为开展工作的前提，让对互联网规律的把握能力与对网络舆论的引导能力相辅相成。在使用和保障互联网方面，要求党员干部积极拥抱信息化发展带来的技术升级和思维革新，紧紧抓住历史机遇，让对信息化发展的驾驭能力与对网络安全的保障能力的提升齐头并进。"四个能力"是紧密联系、相互促进的有机整体，对网络信息时代党员干部学网、懂网、用网提出了新要求，指明了新方向。

一项伟大的事业不可能一蹴而就，需要我们不断强化学习积累，更新知识储备，跟踪前沿趋势，提升能力素养。为帮助党员干部更好地学习和运用互联网，我们组织编写了这套"新时代网络能力提升研究丛书"。这套丛书紧扣习近平总书记提出的各级领导干部特别是高级干部要不断提高的"四个能力"进行研究，共分4册，分别为《互联网规律把握能力研究》《网络舆论引导能力研究》《信息化发展驾驭能力研究》《网络安全保障能力研究》，各分册既可单独阅读，又互为印证补充。丛书面向党员和各级领导干部，也适合互联网从业人员参考借鉴。

我们期待这套丛书能够助力党员干部提升网络能力、培养网络素养，赋能互联网行业的发展，为网络强国建设添砖加瓦，为推进我国的现代化进程发挥应有的作用。

20 18 年 4 月，在全国网络安全和信息化工作会议上，习近平总书记指出，"信息化为中华民族带来了千载难逢的机遇""我们必须敏锐抓住信息化发展的历史机遇"。信息化代表新的生产力和新的发展方向，已成为当前引领创新、驱动转型、塑造优势的先导力量。如何更好地驾驭信息化发展，已成为新时代摆在党员干部面前的重要课题之一。

党的十八大以来，我国在信息化领域取得了长足的进步，网民数量、网页浏览量、网络零售交易额、电子信息产品制造规模位居全球第一，多家信息技术企业跃入世界前列，形成了较完善的信息产业体系。信息技术应用不断深化，"互联网＋"异军突起，经济社会数字化、网络化转型加快，信息化在现代化建设全局中的引领作用日益凸显。

当前，我国已经进入新型工业化、信息化、城镇化、农业现代化同步发展的关键时期，信息革命为我国的发展提供了历史性机遇，也提示我们面临不进则退、慢进亦退的风险。站在新的历史起点，我们必须加快信息化发展，推动我国社会主义现代化事业再上新台阶。

本书尝试从认识和推动信息化发展两方面出发，为党员干部和互联网从业人员驾驭信息化发展提供启发与借鉴。一方面，本书从认识信息化发展的角度，对信息化与当代信息革命的相关概念进行阐述，总结梳理国际信息化发展的总体情况、前沿技术及部分国家的战略规划，介绍我国信息化发展的总体情况及战略规划等。另一方面，本书从推动信息化发展的角度出发，从优化信息化发展环境、增强信息化发展能力和提高信息化应用水平这 3 个层面，介绍了成功经验，提出了值得注意的问题。

在互联网时代，信息化发展可以说是日新月异、时不我待。信息化发展的"支点"靠前，才能让社会治理拥有省力的杠杆；信息化发展的"缰绳"握牢，才能让经济发展奔腾有力，行稳致远。希望本书能够为党员干部和互联网从业人员提供有益的参考，助推我国信息化发展的伟大进程。

目 录

■ **第一章　信息化概述** ■

一、信息化的概念 ＼ 3

（一）信息化概念的发源与演变 ＼ 3

（二）人类历史上的信息革命 ＼ 8

二、信息化的特征与作用 ＼ 10

（一）信息化的特征 ＼ 10

（二）信息化的作用 ＼ 11

三、信息革命带来的影响 ＼ 13

（一）经济影响 ＼ 13

（二）社会影响 ＼ 15

（三）政治影响 ＼ 17

四、信息化与我国现代化的关系 ＼ 17

（一）信息化是现代化的重要特征 ＼ 18

（二）信息化有力支撑现代化建设 ＼ 20

（三）信息化驱动现代化高质量发展 ＼ 21

第二章　国际信息化发展态势

一、国际信息化发展的总体情况　\　27

（一）网络基础设施的建设情况　\　27

（二）数字经济的发展情况　\　32

（三）电子政务的发展情况　\　34

二、各国基于前沿技术的信息化布局　\　36

（一）人工智能领域　\　36

（二）大数据领域　\　41

（三）云计算领域　\　47

（四）VR 和 AR 领域　\　51

（五）物联网领域　\　54

（六）区块链领域　\　59

第三章　我国信息化发展态势

一、我国信息化发展的总体情况　\　65

（一）网络基础设施的建设情况　\　65

（二）数字经济的发展情况　\　70

（三）电子政务的发展情况　\　73

二、我国信息化发展的相关战略规划　\　76

（一）网络强国战略　\　77

（二）国家信息化发展战略　\　81

（二）"互联网＋"行动计划　\　84

（四）国家大数据战略 \ 86

（五）区块链的相关政策规划 \ 88

第四章 不断提高信息化发展驾驭能力

一、优化信息化发展环境 \ 93

（一）推进信息化法治建设，完善依法监管措施 \ 93

（二）加强网络生态治理，营造良好发展空间 \ 99

（三）政策制定不断创新，赋予推进改革动能 \ 110

（四）深化国际交流合作，构建网络空间命运共同体 \ 118

二、增强信息化发展能力 \ 127

（一）发展核心技术体系，切实做强信息产业 \ 128

（二）夯实信息基础设施，提升普遍服务能力 \ 136

（三）深入开发信息资源，充分释放数字红利 \ 147

（四）改善人才队伍结构，培育全民信息素养 \ 156

三、提高信息化应用水平 \ 167

（一）促进信息经济，驱动经济转型 \ 168

（二）完善电子政务，追求科学治理 \ 179

（三）护航网络文化，弘扬正向能量 \ 188

（四）强化公共服务，实现人民幸福 \ 198

延伸阅读 \ 209

参考文献 \ 221

后 记 \ 229

第一章

信息化概述

一、信息化的概念

二、信息化的特征与作用

三、信息革命带来的影响

四、信息化与我国现代化的关系

20 14 年 2 月，在中央网络安全和信息化领导小组第一次会议上，习近平总书记首次提出"没有信息化就没有现代化"的重要论断，将信息化的战略地位提到了前所未有的高度。在全球信息化发展的大背景和中国现代化进入新的历史阶段的时间节点上，信息化已成为推进国家现代化的重要力量。

一、信息化的概念

人类社会从农业时代、工业时代走来，进入信息时代，并正在迈向智能时代。新一代网络信息技术不断创新突破，数字化、网络化、智能化深入发展，对促进经济社会发展起到了基础、支柱和先导作用。

（一）信息化概念的发源与演变

在中国，"信息"一词经常出现于诗句中，如唐代诗人鱼玄机的诗《闺怨》写道："春来秋去相思在，秋去春来信息稀。"诗中的"信息"是"音信、消息"的意思，与现在的用法有一定的相似之处。信息论的创始人香农认为，信息是用来消除不确定性的东西，人们通过信息的传递获得新的信息，降低了认识的不确定性。《大辞海》中提到，信息是通信系统传输和处理的对象，也泛指消息和信号的具体内容和意义。

"化"，古字为"匕"。甲骨文，从二人，象二人相倒背之形，一正一反，以示变化。《现代汉语词典》称："化"

有"变化、使变化"之意；作为后缀加在名词或形容词之后，表示转变为某种性质或状态，如绿化、电气化、机械化等。从字面上理解，"化"是变化、演化、转化的意思，往往是指某种事物的某种性质发生改变。如果整个社会朝向一个方向变化，就会发生深刻的社会变革。"农业化"使得人类由依靠采集和捕猎为生的原始农业经济向着以种植与饲养为生的小农经济变化；"工业化"使得人类由自给自足的小农经济向着以物品的商业性生产为代表的工业经济变化；"信息化"则使得人类由工业经济向着利用信息与知识的服务经济变化。

根据目前掌握的资料，日本的文化人类学家梅棹忠夫是较早研究"信息化"并提出相关概念的学者。他于 1963 年发表文章《信息产业论》，关注在人类演进过程中形成的农业社会、工业社会和信息社会的演进次序，并结合当时备受关注的计算机等新型技术，首次提出了"信息产业"的概念。1967 年，日本政府的科学技术与经济研究会在研究经济发展问题时，参照"工业化"的概念，正式提出了"信息化"的表述。1969 年，日本的经济审议会信息研究委员会所著的图书《日本的信息化社会》出版，这被视为"信息化"概念及用词被日本政府采纳的标志。1972 年，日本学者增田米二将日本经营信息开发协会的计划书《信息社会计划——指向新的国民目标》的英文稿发至海外，该计划书中将"信息社会"翻译为英文词组"information society"，使得"信息社会"一词及相关概念传入西方[1]。

实际上，20 世纪 60 年代起，一些美国学者就已开展信息经济的相关研究，如美国学者乔治·斯蒂格勒在 1961 年提出"信息经济学"的概念，弗里兹·马克卢普在 1962 年提出"知识产业"的概念等，但并没有提出明确的"信息化"概念。1977 年，美国经济学家马克·尤里·波拉特在《信息经济》一书中明确将信息产业界定为与农业、工业、服务业并列的国民经济第四产业。1978 年，法国学者西蒙·诺拉与阿兰·孟克在《社会的信息化》研究报告中，首次明确界定了"社会信息化"的概念，即一种正在形成中的由远程数据处理技术所引发，以计算机为核心、数据库为基础、多种通信手段为联结纽带，具备音频播放和视频显示终端功能的网络，以及这种网络在社会各个领域推广普及的过程。这种表述将泛泛的宏观叙述微观化到技术层面，操作性较强，对信息化概念的国际传播起到了重要的作用。该报告使用法语单词"informatisation"来指称"信息化"，随后该词被翻译为英文单词"informatization"并被使用至今。"信息化"概念在国外的传播过程见图 1-1。

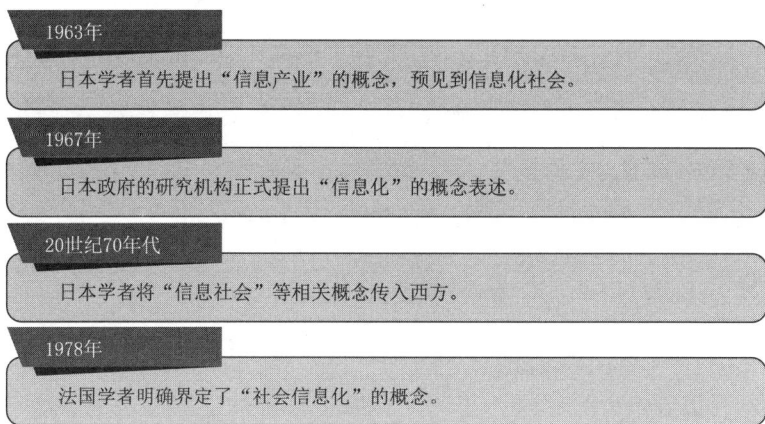

1963年

日本学者首先提出"信息产业"的概念，预见到信息化社会。

1967年

日本政府的研究机构正式提出"信息化"的概念表述。

20世纪70年代

日本学者将"信息社会"等相关概念传入西方。

1978年

法国学者明确界定了"社会信息化"的概念。

图 1-1　"信息化"概念在国外的传播过程

在中国，"信息化"的概念是在改革开放的背景下被使用的。学者杨沛霆在 1980 年《情报资料》中介绍了日本有关"情报社会"（即中文里的"信息社会"）的提法[2]。1986年 12 月，国家科学技术委员会（现改名为科学技术部）的中国科技促进发展研究中心等单位在北京召开了首届中国信息化问题学术讨论会，正式使用了"信息化"一词。"信息化"概念在我国的发展见图 1-2。

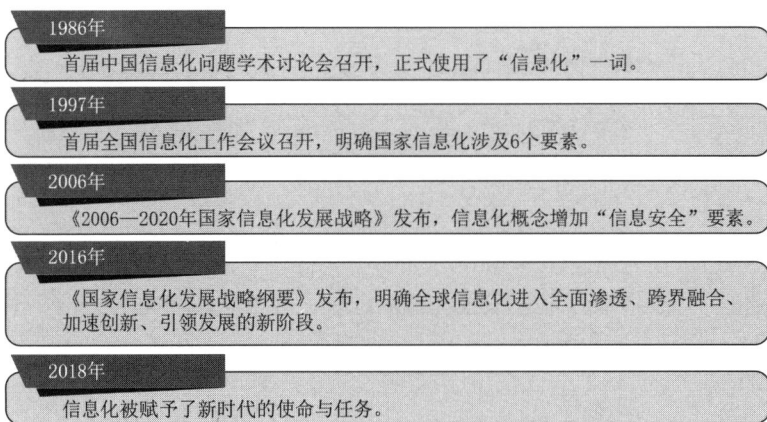

1986年
首届中国信息化问题学术讨论会召开，正式使用了"信息化"一词。

1997年
首届全国信息化工作会议召开，明确国家信息化涉及6个要素。

2006年
《2006—2020年国家信息化发展战略》发布，信息化概念增加"信息安全"要素。

2016年
《国家信息化发展战略纲要》发布，明确全球信息化进入全面渗透、跨界融合、加速创新、引领发展的新阶段。

2018年
信息化被赋予了新时代的使命与任务。

图 1-2　"信息化"概念在我国的发展

近些年来，国内政府部门和学术界围绕信息化的定义有过较长时间的讨论。如经济学家吴敬琏将信息化定义为信息通信技术渗透到人类生产、交换、社会交往的所有层面、所有领域的过程[3]。学者周宏仁认为，信息化是利用现代信息技术对人类社会的信息和知识的生产、传播和利用进行全面改造，并因而导致人类社会生产体系的组织结构和经济结构发生飞跃的一个过程，是一个推动人类社会从工业社会向信息社会转变的社会转型的过程[4]。学者王旭东认为，信息化是培育并发展以电子计算机信息处理技术为基础、以信息能的传递为纽带、以社会财富创造者具备智能信息处理能力为标志的新型生产力和生产方式，进而导致人类社会诸方面向更高阶段智能化变迁的一种历史过程[5]。

从国内政策性文件和资料中对信息化的表述来看，其内涵也经历了不断丰富和完善的过程。

1997 年，我国首届全国信息化工作会议召开，会议将信息化定义为培育、发展以智能化工具为代表的新的生产力并使之造福于社会的历史过程。国家信息化离不开 6 个要素，即开发利用信息资源、建设国家信息网络、推进信息技术应用、发展信息技术和产业、培育信息化人才、制定和完善信息化政策。

2006 年，中共中央办公厅、国务院办公厅印发的《2006—2020 年国家信息化发展战略》指出，信息化是充分利用信息技术，开发利用信息资源，促进信息交流和知识共享，提高经济增长质量，推动经济社会发展转型的历史进程。这份文件在 1997 年定义的"6 个要素"的基础上增加了第 7 个要素，即"信息安全"。

2016 年，中共中央办公厅、国务院办公厅印发的《国家信息化发展战略纲要》指出，当前，以信息技术为代表的新一轮科技革命方兴未艾，互联网日益成为创新驱动发展的先导力量。信息技术与生物技术、新能源技术、新材料技术等交叉融合，正在引发以绿色、智能、泛在为特征

的群体性技术突破。信息、资本、技术、人才在全球范围内加速流动，互联网推动产业变革，促进工业经济向信息经济转型，国际分工新体系正在形成。网信事业代表新的生产力、新的发展方向，推动人类认识世界、改造世界的能力空前提升，正在深刻改变着人们的生产生活方式，带来生产力质的飞跃，引发生产关系的重大变革，成为重塑国际经济、政治、文化、社会、生态、军事发展新格局的主导力量。全球信息化进入全面渗透、跨界融合、加速创新、引领发展的新阶段。

2018 年，在全国网络安全和信息化工作会议上，习近平总书记强调，信息化为中华民族带来了千载难逢的机遇。我们必须敏锐抓住信息化发展的历史机遇，加强网上正面宣传，维护网络安全，推动信息领域核心技术突破，发挥信息化对经济社会发展的引领作用，加强网信领域军民融合，主动参与网络空间国际治理进程，自主创新推进网络强国建设，为决胜全面建成小康社会、夺取新时代中国特色社会主义伟大胜利、实现中华民族伟大复兴的中国梦作出新的贡献。

（二）人类历史上的信息革命

信息的传递和交流是人类生存的基本需求。丰富和改进信息的处理、传递和交流的方式，是人类为了谋求生存与文明发展而不断努力的方向之一。早在现代通信技术发明之前，人类就已经有了各种传递和交流信息的方式，如烽火、信鸽等都曾是重要的信息传递和交流工具。

一般认为，在当代信息革命之前，人类历史上曾有过 4 次与信息和信息处理技术相关的比较重要的技术革命，分别是语言的产生、文字的创造、造纸和印刷术的发明，以及电报、电话和电视的发明。

信息化与当代信息革命紧密相连。当前，信息革命正从技术产业革命向经济社会变革加速演进，世界经济转型成为大势所趋。随着信息化的发展，政治与社会文化领域也出现新的机遇与挑战。

对于当代信息革命的开端应从何时算起这个问题，国际学界多数观点认为应以 1946 年世界上第一台通用电子计算机埃尼阿克（Electronic Numerical Integrator And Computer，ENIAC）的诞生为起点。而 1971 年第一个微处理芯片 Intel 4004 的发明，则显著加快了当代信息革命的发展进程。

当代信息革命，是指在信息的生产、采集、存储、处理、传播、利用等方面的一系列技术革新，实际上可以说是一场关于人类信息和知识的生产与传播的革命。如果说，工业革命延伸了人类的"体力"，那么信息革命则延伸了人类的"脑力"，并由此带来人类政治、经济、社会、军事、文化等各方面的重大变革。这种变革，无论在深度还是广度上，都是此前各种与信息有关的技术发明和技术进步所无法比拟的。应该说，造纸和印刷术的发明以及电报、电话和电视的发明并没有使人类社会由农业社会向工业社会，或由工业社会向

信息社会转变，并没有使人类经济社会形态出现根本性转变。因此，当代信息革命与人类历史上曾经发生的几次信息革命相比，有着不同的历史意义。

二、信息化的特征与作用

（一）信息化的特征

数字化。数字化是将复杂的信息转变为可度量的数字、数据，再以这些数字、数据建立起适当的数字化模型，将其转变为二进制代码并导入计算机内部进行统一处理的基本过程。数字化是当代信息革命的起源，数字化编码使得信息的搜集、存储、处理、分发具有了前所未有的效率，从而放大了信息的力量和作用范围。得益于数字化，信息从其附着物上分离出来，能够独立于实体、空间和时间而存在，摆脱了其作为物质附庸的地位。

网络化。网络化是指利用计算机技术和通信技术，把分布在不同地点的计算机等各种电子终端设备连接起来，按照相同的网络协议通信，使得用户可以共享硬件、软件和数据资源。网络化实现了存储资源、数据资源、计算资源、知识资源等的全面共享，一定程度上解决了信息孤岛的问题，拓展了数字世界的广度和深度。

智能化。智能化是指事物在大数据、物联网和人工智能等各类新技术的支持下，能够满足用户各种需求的能动属性。智能是指通过软件和算法，对系统的基础功能加以升级和扩展，基于现场情景或主观意图，灵活自动地实现相关资源的组织配置和动作执行。端到端整合的智能基础设施为数字世界构筑了友好、可持续的环境，丰富的智能应用则在此基础上为用户提供了个性化的体验。智能化贯穿各类基础设施和企业侧、消费侧的各种应用，在工农业生产、科学研究、人民生活、国民经济等各方面起着非常重要的作用。

可以说，数字化创建了数字世界，网络化发展了数字世界，智能化则意味着数字世界与实体世界走向融合。智能是改造物质、转换能量和处理信息的综合能力，是人类区别于其他生物的核心特征。智能化是人类智能通过软件的实现、外化和放大，既是对人类智能的继承又是超越。继承在于，由于人类思维和决策模式不可避免地采用过去的经验，数字世界的广泛智能化必然蕴含实体世界的运行逻辑；超越在于，过去科技主要是沿着解放人的躯体、转换外界能量为人所用、创造丰裕物质世界的方向发展，智能化则明确将重点放在解放人的大脑，转换机器智能、人工智能和群体智能上。

（二）信息化的作用

信息化建设与信息产业发展是相辅相成的关系，信息产业发展离不开信息化建设。信息化对促进经济社会发展具有不可替代的作用，这种作用主要是通过信息产业对国民经济的积极推动体现的。具体来说，主要体现为以下几个方面。

基础作用。 信息化技术、工具、产品、装备、基础设施是智能产业的支撑，是国民经济的基础设施，也是国家信息化建设的物质基础和主要动力。例如，通信网络是国民经济的基础设施，网络与信息安全是国家安全的重要内容，电子信息产品制造业和软件业是确保网络与信息安全的根本保障。再如，信息技术和装备是国防现代化建设的重要保障，信息产业已成为各国争夺科技、经济、军事主导权和制高点的战略性产业。

支柱作用。 近年来，在信息化发展的带动下，信息产业作为国民经济的支柱产业之一，其增加值在国内生产总值的增加值中的比重持续攀升，对国民经济的贡献率不断提高。2017 年，我国电子信息产品进出口额已经达到 1.3 万亿美元，占全国外贸的比重超过 30%，对全国外贸增长的贡献率达到 25% 以上 [6]。根据国家统计局的数据，2019 年，信息传输、软件和信息技术服务业同比增长 18.7%，远远高于其他行业增长率。

先导作用。 信息产业是国家经济的先导产业。信息产业的发展已成为世界经济发展的主要动力和社会再生产的基础。信息产业作为高新技术产业群的主要组成部分，能够发挥带动其他高新技术产业腾飞的龙头作用。信息技术向国民经济各领域渗透，信息产业持续拓展，不断创造出新的产业门类。信息技术的广泛应用有利于缩短技术创新周期，增强整个国家的知识创新能力。

三、信息革命带来的影响

2016 年 4 月，在网络安全和信息化工作座谈会上，习近平总书记指出，从社会发展史看，人类经历了农业革命、工业革命，正在经历信息革命。他强调，信息革命增强了人类脑力，带来生产力又一次质的飞跃，对国际政治、经济、文化、社会、生态、军事等领域的发展产生了深刻影响。联合国教科文组织曾提出，"信息化既是一个技术的过程，又是一个社会的进程。它要求在产品或服务的生产过程中实现管理流程、组织机构、生产技能和生产工具的变革"。

（一）经济影响

在第一产业方面，当代信息革命促进了农业机械化和自动化，在此基础上进一步推动了农业的数字化、网络化和智能化。包括计算机自动控制、卫星定位、传感遥感、数据库等在内的现代信息技术被广泛应用在农产品生产和流通的过程中，提高了农业生产、经营管理、水土保持、环境保护等方面的水平和效率。

在第二产业方面，工业化是信息化的物质基础，信息化是工业向更高层次发展所需要的技术环境。两化融合是以信息化带动工业化、以工业化促进信息化，走新型工业化道路；核心是依托信息化有效支撑，追求可持续发展模式。随着信息技术不断创新和快速迭代，在制造业领域的应用不断深化，信息化和工业化融合从起步建设，到制造业与互联网深度融

合发展，逐步进入以制造业数字化转型为核心特征的新阶段。

在第三产业方面，信息革命带来信息技术的开发和应用，除了直接推动软件开发、网络服务、通信等部门的高速发展外，还促进了应用信息技术的金融保险、批发零售等传统服务业的快速发展。比如，互联网的普及大大拓展了金融业信息化的深度和广度。无论是个人理财方式、金融服务机构的业务模式，还是金融市场的组织交易方式等，都发生了深刻变化。金融活动的成本得到了降低，金融市场也被更有效率地构建。近年来区块链技术在各种金融场景中得到应用，便是信息技术发展影响金融业的典型例子之一。同时，信息技术的开发与应用提升了商业活动的效率，也使商业活动发生了结构性改变。比如，互联网普及推动了电子商务的快速发展，不仅市场格局、商业业态、流通过程等随之发生变化，企业的经营模式也在不断创新和变革。

当代信息革命还推动了信息全球化和数字经济的快速发展。全球化，可以理解为国家之间相互关联的各种形式的网络的扩张，导致观念、技术、资本、货物、服务和人员等快速跨越国家边界而流动，使得各国在经济、社会等领域相互依赖的程度日益提高的过程。信息革命带来了航海和航空领域的大发展，推动了全球运输网络的形成；同时促进了全球通信网络的建立，使得信息全球化成为可能。信息全球化又加速了金融与商业的全球化，并最终带动了经济全球化。

数字经济，是指以使用数字化的知识和信息作为关键生产要素、以现代信息网络作为重要载体、以信息通信技术的有效使用作为效率提升和经济结构优化的重要推动力的一系列经济活动。数字经济的概念早在 20 世纪 90 年代中期即在美国学界出现，经济学家唐·塔普斯科特的著作《数字经济》详细阐释了数字经济的萌生与初步发展。随着数字技术的不断发展，以及社会学家曼纽尔·卡斯特的《信息时代：经济、社会与文化》、尼古拉·尼葛洛庞帝的《数字化生存》等著作的出版和畅销，数字经济理念在全世界流行开来。当前，全球数字经济规模持续扩大，正成为全球竞争新制高点。中国信息通信研究院发布的《全球数字经济新图景（2019年）——加速腾飞　重塑增长》研究报告显示，2018 年美国数字经济规模蝉联全球第一，达到 12.34 万亿美元，中国保持全球第二大数字经济体地位，规模达到 4.73 万亿美元。上海社科院研究显示，近年来，我国数字经济持续迅速增长。2016—2018 年，我国数字经济同比增速分别达到 21.51%、20.35% 和 17.65%，增速连续 3 年排名世界第一[7]。

（二）社会影响

社会组织是人们为了有效地达到特定目标，按照一定的宗旨、制度、系统建立起来的共同活动集体。一方面，人类社会从农业社会到工业社会再到信息社会，社会组织形态经历了由分散化走向高度集中化，又从高度集中化走向新形态的分散化的过程。现代信息技术提升了劳动生产率，企业和工厂中的许多传统的重复性工作改由计算机处理，社会对操

作工人的需求量大幅下降，社会组织形态也从流水线式的高度集中化变为泛联络、泛组织的分散化。另一方面，信息革命促进了社会组织结构的扁平化。现代信息技术的发展，使传统的社会组织管理幅度理论日益失去其存在的现实基础，不仅从管理实践上颠覆了传统组织的层级结构，也改变了以金字塔状结构为支撑的管理思想，使得过去的科学管理理论逐渐被现代管理理论取代。信息革命为跨越企业旧体制的障碍，消解庞大的层级结构，达成扁平化管理的目标开辟了新途径。

对于社会文化来说，一是在文化格局方面，信息技术使信息共享突破了空间和时间限制，为世界文化交流创造了极大便利，促进了世界文化多样性的发展；但同时也加大了发达国家文化对发展中国家文化的冲击力度，如何保护本国传统文化成为不少国家面临的问题。二是在文化产业方面，信息革命使得互联网不断普及并与文化产业相融合，基于互联网的文化产业新业态、新模式不断产生，以网络文学、网络音乐、网络游戏、网络动漫等为代表的新兴文化产品大量涌现，不仅满足了民众的文化需求，也拉动了经济增长，推动了创新创造，促进了相关产业的转型发展。三是在文化形式方面，信息技术的发展强化了互联网的去中心化和去权威化等特征，一方面对传统精英文化进行着颠覆与解构，另一方面在不断塑造大众文化的同时，也创造出大量碎片化的小众文化，并对大众文化产生重构作用。

在社会知识方面，信息时代的到来使得社会知识生产量急剧增长,同时伴随着知识与技术的迅速老化。在这种形势下,人们获取有效知识的需求不断增加。由于互联网提供了新的知识获取渠道与生产的平台,通过信息化手段实现学习方式的优化,提升知识加工的水平,成为增加个人竞争力的重要因素之一。而发展知识产业也成为各国人力资源开发过程中面临的一个重要问题。

(三)政治影响

对国家治理而言,信息革命既是机遇,也是挑战。信息革命使得社会变得更具多样性、分散性和复杂性,新闻信息的传播速度提高、范围变广,技术手段和交流平台不断推陈出新,使得民众对政府所提供的各种服务及政府面对各种重大事件时的应对提出了更高的要求。政府需要不断学习和了解社会需求,才能满足不断增长的社会需求。同时,信息革命也对国家的治理机制与治理能力产生了深刻的影响,信息技术的发展使得政府处理信息的能力得到极大加强。

对国际政治而言,信息的迅捷性和超地域性等特点,对传统的国家主权概念形成了挑战,发展中国家捍卫信息主权的任务变得更为迫切;国家安全的内涵和外延都有了实质性的拓展,网络信息安全日渐成为国际斗争与博弈的新领域。

四、信息化与我国现代化的关系

20 世纪 60 年代,我国提出了建设"具有现代农业、现

代工业、现代国防和现代科学技术的社会主义强国"的目标，开启了现代化之旅。20 世纪 80 年代，我国提出实现经济建设"三步走"的战略目标，其中，到 21 世纪中叶前后，要达到中等发达国家水平，基本实现现代化。

党的十九大报告明确提出，"从二〇二〇年到本世纪中叶可以分'两个阶段'来安排。第一个阶段，从二〇二〇年到二〇三五年，在全面建成小康社会的基础上，再奋斗十五年，基本实现社会主义现代化""第二个阶段，从二〇三五年到本世纪中叶，在基本实现现代化的基础上，再奋斗十五年，把我国建成富强民主文明和谐美丽的社会主义现代化强国"。

两者相比，党的十九大报告将"基本实现现代化"的时间由 21 世纪中叶调整为 2035 年，提前了 15 年。我国的现代化堪称有史以来最大人口规模的现代化，面临前所未有的复杂性。我国需要寻求现代化的高效路径，有效降低现代化的成本和阻力，而信息化就是实现该目标的有力支撑之一。

（一）信息化是现代化的重要特征

20 世纪 70 年代，美国哈佛大学信息政策研究中心主任欧廷格指出，物质、能量、信息是推动人类历史前进的 3 种基本资源。伴随着新技术革命的快速发展，世界各国都开始逐渐重视信息资源的战略意义。1984 年 9 月，邓小平同志在为创刊 3 周年的《经济参考报》题词时写道："开发信息资源，服务四化建设"，这为我国信息资源的开发利用指明了方向。

20 世纪 90 年代以后，世界范围内掀起信息化浪潮，信息技术也加速融入经济社会各方面的发展。

21 世纪以来，发达国家的信息化与工业化加快了融合的步伐。在我国，2007 年，党的十七大报告中提出了工业化、信息化、城镇化、市场化、国际化"五化"并举，以及信息化和工业化"两化"融合的重大发展命题。

近年来，随着信息技术革命不断向纵深发展，互联网融入社会生活的各个方面，深刻改变了人们的生产和生活方式。2014 年 2 月，在中央网络安全和信息化领导小组第一次会议上，习近平总书记提出了有力的论断：没有信息化就没有现代化。2018 年 4 月，在全国网络安全和信息化工作会议上，习近平总书记强调，网信事业代表着新的生产力和新的发展方向，应该在践行新发展理念上先行一步，围绕建设现代化经济体系、实现高质量发展，加快信息化发展，整体带动和提升新型工业化、城镇化、农业现代化发展。

党和国家领导人着眼于现代化的战略意义，对信息化的重视既一脉相承，又与时俱进。如果说，早年间对信息化的高度重视主要是为了不在历史发展的进程中掉队，那么当前信息化就已经成为国家间竞争背景下的一场必胜不可的竞赛，必须放在优先地位加以重视。

（二）信息化有力支撑现代化建设

2014 年 2 月，习近平总书记在中央网络安全和信息化领导小组第一次会议上指出，"网络信息是跨国界流动的，信息流引领技术流、资金流、人才流，信息资源日益成为重要生产要素和社会财富，信息掌握的多寡成为国家软实力和竞争力的重要标志"。对于任何国家或群体，掌握信息的主导权一定程度上决定了其核心竞争力。

当前，主要发达国家仍处于第二次现代化进程中，其中的一些主流趋势，如经济领域的全球化、智能化等，都对信息化有着高度依赖。我国虽然已经取得了让我们引以为豪的发展成就，但环境、资源等因素的制约也越来越大。而信息化则为我国实现更高程度的现代化提供了历史性机遇。

党的十八大报告提出"五位一体""四化同步"，勾勒出我国现代化发展新的战略思想与路径。"五位一体"的协调、新"四化"的同步，都需要信息化发挥更重要的作用。

信息化全面支撑"五位一体"。经济建设方面，依托信息网络化的快速发展，生产端与消费端都在发生着革命性变化。无论是电子商务还是智能制造，都已离不开互联网。政治建设方面，打造现代型、服务型政府，必须逐步建立以互联网为基础的电子政务公共服务体系，丰富服务内容，优化服务质量。文化建设方面，要想培育健康的网络文化，让社会主义核心价值观真正深入人心，就需要加快推进优秀文化作品的数字化、网络化。社会建设方面，要优化社会管理，离不开覆盖广泛、灵敏高效的社会管理信息网络。生态文明建设方面，借助信息化手段，能够提升对环境及潜在风险的感知能力；通过日趋广泛的互联、不断延伸的智能、智慧升级的决策，带动绿色经济健康发展。

信息化有力带动"四化同步"。从发挥的作用来看，工业化保障供给，城镇化创造需求，农业现代化为工业化和城镇化提供基本的物质支撑，而信息化作为信息通信技术与实体经济的深入融合，贯穿"四化同步"的始终。在新"四化"中，信息化的渗透性最强，生命力最旺盛，对工业化、城镇化和农业现代化有着极大的提升和促进作用[8]。

（三）信息化驱动现代化高质量发展

信息化是现代化建设的重要过程，现代化离不开信息化。信息化不仅仅表现为物质之间的信息连接，而且在这个过程中，整个社会形态的结构、人与人之间的关系以及产业的变革都会实现新的突破。

中共中央办公厅、国务院办公厅 2016 年 7 月印发的《国家信息化发展战略纲要》提出，要牢牢把握"以信息化驱动现代化"这条主线，遵循"统筹推进、创新引领、驱动发展、惠及民生、合作共赢、确保安全"的基本方针。

统筹推进。信息化事关国家经济社会长期可持续发展、事关国家长治久安、事关人民群众福祉，必须胸怀大局、把握大势、着眼大事，统筹中央和地方，统筹党政军各方力量，

统筹发挥市场和政府作用，统筹阶段性目标和长远目标，统筹各领域信息化发展重大问题，确保国家信息化全面协调可持续健康发展。

创新引领。全面实施创新驱动发展战略，把创新发展作为应对发展环境变化、增强发展动力、把握发展主动权、更好引领经济发展新常态的根本之策，以时不我待、只争朝夕的精神，努力掌握核心技术，快马加鞭争取主动局面，占据竞争制高点。

驱动发展。最大程度发挥信息化的驱动作用，实施国家大数据战略，推进"互联网＋"行动计划，引导新一代信息技术与经济社会各领域深度融合，推动优势新兴业态向更广范围、更宽领域拓展，全面提升经济、政治、文化、社会、生态文明和国防等领域的信息化水平。

惠及民生。坚持以造福社会、造福人民为工作的出发点和落脚点，发挥互联网在助推脱贫攻坚中的作用，推进精准扶贫、精准脱贫，不断增进人民福祉；紧紧围绕人民期待和需求，以信息化促进基本公共服务均等化，让亿万人民在共享互联网发展成果上有更多获得感。

合作共赢。坚持国家利益在哪里、信息化就推进到哪里，围绕"一带一路"建设，加强网络互联、促进信息互通，加快构建网络空间命运共同体；用好国内国际两个市场两种资源、网上网下两个空间，主动参与全球治理，不断提升国际影响力和话语权。

确保安全。网络安全和信息化是一体之两翼、驱动之双轮，必须统一谋划、统一部署、统一推进、统一实施，做到协调一致、齐头并进；切实防范、控制和化解信息化进程中可能产生的风险，以安全保发展，以发展促安全，努力建久安之势、成长治之业。

第二章

国际信息化发展态势

一、国际信息化发展的总体情况

二、各国基于前沿技术的信息化布局

当前，信息化发展的浪潮已经席卷全球，各国纷纷大力推动自身信息化进程。在信息化进程的主导下，全球经济、文化、科技等领域正迸发出空前的活力。

一、国际信息化发展的总体情况

在信息化发展过程中，网络基础设施发挥着基础性作用。信息化技术应用到具体的不同领域，推动着数字经济、电子政务等的建设进程。相关领域的建设水平可被视为衡量一个社会信息化发展水平的重要标尺。

（一）网络基础设施的建设情况

网络基础设施是网络服务和信息化发展的基础，互联网已经与水、能源、交通一样，成为国家基础设施体系不可或缺的组成部分。固定宽带网络和移动互联网作为当下使用最为广泛的网络设施，其建设和发展越来越受到世界各国的广泛重视。

1.固定宽带的建设情况

国际电信联盟（International Telecommunication Union，ITU）的统计数据显示，早在 2016 年第一季度，中国固定宽带用户数量就已超过 1 亿户，并持续快速增长。截至 2019 年底，全球固定宽带用户数量已达 14.9 亿户。全球范围内固定宽带用户增长最快的地区是亚洲、非洲和大洋洲。全球 3/4 的新增固定宽带用户来自东亚，其中主要的增长源是中国。虽然

全球的固定宽带建设飞速推进，发展势头迅猛，但截至 2019 年底，全球仍有 46% 的人口未接入互联网，"数字鸿沟"依然存在。

在传输技术方面，随着信息技术的发展，固定宽带的传输载体正从铜缆向光纤过渡。市场研究公司 Point Topic 公布的数据显示，2016—2017 年，全球使用铜缆宽带的用户减少了 6%，而光纤到户的用户则增加了 28%，增长最快的地区是亚洲和美洲。2016 年以后，随着中国等国家大规模发展光纤到户（Fiber To The Home，FTTH）技术，其余的"光纤到 x"（FTTx）技术在全球固定宽带市场中所占的份额大幅减少。

宽带等技术的升级必然带来流量和数据总量的巨大扩张。目前，数字空间已成为生产和存储资料的主要场所。在信息化浪潮的推动下，数字信息的生产方式和生产速度出现了前所未有的变化。ITU 的统计显示，数字世界的规模每两年便会翻一倍。预计 2020 年全世界每年产生的数据量约为 30 ZB（注：ZB 为 ZettaByte 的缩写，泽字节，1 ZB=2^{70} Byte）；在数据流量方面，2018—2020 年，互联网数据流量以每年 20% 的速度增长，到 2021 年，全球互联网数据流量将达 3.3 ZB，其中 80% 为视频流量[9]。

随着信息化进程的推进，世界各国越来越重视固定宽带设施的建设，纷纷出台政策推动相关研发和投资。截至 2018 年，共有 159 个国家推出了国家宽带计划，同时， 些国家正在积极推动公共场合无线网络的部署，提供免费的 Wi-Fi 网络服务。

2. 移动互联网的建设情况

移动互联网是移动通信和互联网融合的产物，即运营商提供无线接入，互联网企业提供各种成熟应用。用户通过手机、平板电脑等移动终端与互联网相连接。移动互联网具有便捷性、即时性、精准性、定向性等特征，已经超越以个人计算机为主要联网终端的固定宽带互联网，引领当前网络发展的潮流。

随着全球移动宽带网络覆盖率快速上升，移动网络传输速度也大幅提高，自 2005 年以来，全球移动网民数量保持稳定增长，移动互联网的渗透率（使用移动互联网的网民与总人口数之比）也在不断提升；根据英国通信数据公司 GSMA Intelligence 的报告，截至 2018 年，全球超过 60% 的移动网络都可以被视为宽带网络。

目前在移动互联网领域中，4G 技术的应用较广。与之前的技术相比，4G 技术有着通信速度快、网络频谱宽、智能性能高、费用低等特点。4G 网络的图像传输质量与高清电视不相上下，能够以 100 Mbit/s 的速率下载，上传速率也能达到 20 Mbit/s，可以满足大多数用户对于无线网络的要求。

腾讯科技数据显示，4G 技术自从问世以来，便以雷霆之势席卷市场，4G 用户数量增长迅猛。如图 2-1 所示，截至 2017 年底，全球 4G 用户数量已达 20 亿[10]。

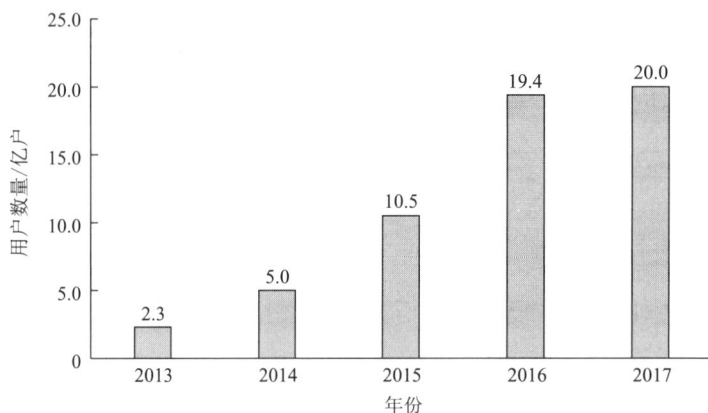

图 2-1　全球 4G 用户数量
（数据来源：腾讯科技）

　　在用户规模持续扩张的同时，全球范围 4G 网络的下载速率也在不断提升。美国网络分析服务公司 Speedtest 发布的数据显示，2017 年全球 4G 网络的下载速率排名前五的国家分别是挪威、冰岛、荷兰、新加坡和阿联酋，如图 2-2 所示，其中挪威以 62.1 Mbit/s 的 4G 网络的下载速率排名第一。中国排名 26，美国和日本分别排名 44 和 48。

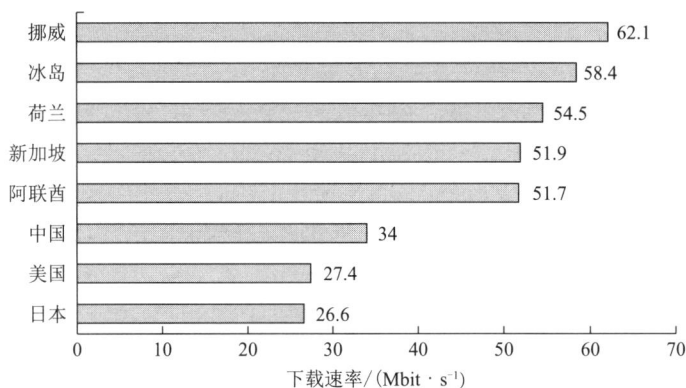

图 2-2　2017 年部分国家 4G 网络的下载速率
（数据来源：Speedtest）

在 4G 网络发展日益成熟的同时，全球主要国家及相关企业逐渐将发展重点投向 5G 网络。5G 网络作为第五代移动通信网络，其峰值理论传输速率可达 20 Gbit/s，约是 4G 网络的理论传输速率的 200 倍。

2017 年 12 月，在国际电信标准组织"第三代合作伙伴计划"（3rd Generation Partnership Project，3GPP）第 78 次全体会议上，5G NR（New Radio）首发版本正式发布，这是全球第一个可商用部署的 5G 标准。在国际标准化组织以及各国政府与运营商的努力下，5G 标准化的进程不断加速，但 5G 网络当前仍处于技术合作和测试阶段。截至 2019 年底，大多数主流运营商已开始布局和部署 5G 网络，预计于 2020 年实现 5G 商用目标。如图 2-3 所示，各国由于技术水平不同，5G 商用的进度不一。

	中国	美国	韩国	新加坡	日本
2017	外场试验中				
2018	试商用	试商用	试商用		试验
2019	商用	商用	商用		
2020				部分商用	商用

图 2-3 部分国家 5G 网络的发展阶段

2018 年 12 月，芬兰运营商 Elisa 正式发布商用 5G 网络，还推出了全球首个 5G 移动套餐，不过当时还没有支持该网络的移动终端。2019 年 6 月，我国工业和信息化部正式向中国电信、中国移动、中国联通、中国广电发放 5G 商用牌照，标

志着中国正式进入 5G 商用元年。截至 2019 年 12 月，我国已开通 5G 基站 11.3 万个。

美国高通公司预计，2020—2035 年，5G 网络建设为全球创造的价值将达到 3 万亿美元，同时创造 2200 万个工作岗位。

（二）数字经济的发展情况

当前，信息网络技术加速创新，数字经济蓬勃发展，新技术、新业态、新模式层出不穷。各国纷纷积极推进数字经济的发展，并将数字经济相关新技术、新业态与传统实体经济相融合，围绕数字经济相关技术开展积极竞合。

上海社会科学院 2018 年 10 月发布的《全球数字经济竞争力发展报告（2018）》蓝皮书显示，2017 年，全球数字经济规模达到 12.9 万亿美元。如图 2-4 所示，2017 年，从基础设施、数字产业、数字创新和数字治理 4 个方面综合评估各国数字经济竞争力水平，结果显示，美国以 84.24 的总分处于绝对优势地位，中国得分 63.05，位居第二。新加坡（60.3 分）、英国（55.4 分）、荷兰（53.6 分）分别位列第三到第五。报告认为，在数字产业单一维度上，中国的实力与美国相对接近，动能强劲；在数字经济领域，各国之间的竞争十分激烈，数字经济的发展可能存在后发优势[11]。

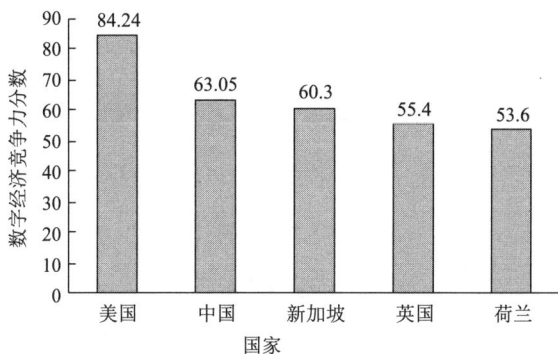

图 2-4　2017 年数字经济竞争力分数名列前五位的国家
（数据来源：《全球数字经济竞争力发展报告（2018）》）

随着数字技术与各个领域的融合不断深入，数字技术已成为全球经济的重要组成部分，即便是数字化程度极低的国家，数字经济也是其 GDP 的重要组成部分。从某种意义上说，一个国家数字经济的发展程度能在一定程度上反映该国的整体经济形势和综合国力。因此，各国纷纷加大对数字基础设施建设的投资力度，为数字经济搭建了更为广阔的发展平台，以期在未来的国际竞争中占据有利地位。

数字经济极大地弥补了传统经济的不足，给全球经济发展贡献了巨大价值，但也应清楚地看到，在全球数字经济快速增长的同时，不同国家间也存在着较大的数字鸿沟，体现出数字经济领域竞争力较强国家与竞争力较弱国家之间的巨大差距。数字鸿沟现象影响的不只是信息经济或数字经济，也会逐渐渗透到各国的政治、经济和社会生活中，成为信息时代衍生出的新的社会问题。

（三）电子政务的发展情况

电子政务（E-Government）是指国家机关在政务活动中全面应用现代信息技术、网络技术以及办公自动化技术等进行办公、管理和为社会提供公共服务的一种全新的管理模式。广义的电子政务，涉及所有国家机构；而狭义的电子政务主要涉及直接承担管理国家公共事务、社会事务的各级行政机关。

相对于传统行政方式，电子政务的最大特点就在于其行政方式的电子化，即行政方式的无纸化、信息传递的网络化、行政法律关系的虚拟化等，使政府工作更公开、更透明、更有效、更精简。

联合国经济及社会理事会（Economic and Social Council，ECOSOC）2018年9月发布的《2018年联合国电子政务调查报告》显示，与2016年相比，2018年全球电子政务发展水平进一步提高，193个会员国电子政务发展指数（E-Government Development Index，EGDI）平均值为0.55，比2016年提高了12.2%。

如图2-5所示，2018年，共有40个国家的EGDI处于"极高"水平组别，电子政务发展水平领先；71个国家的EGDI处于"高"水平组别；66个国家的EGDI处于"中等"水平组别，与2016年的数量基本持平。值得注意的是，仍有16个国家的EGDI处于"低"水平组别，但比2016年减少了一半。EGDI为"极高"与"高"的国家主要来自欧洲、亚洲和美洲。

2016年　　　　　　　　　　2018年

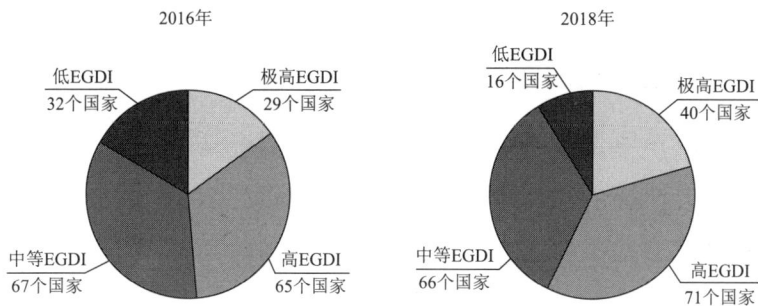

图 2-5　2016 年与 2018 年联合国会员国 EGDI 分布
（数据来源：《2018 年联合国电子政务调查报告》）

如图 2-6 所示，EGDI 排名前十的国家中，欧洲国家占 5 席。丹麦以 0.915 的 EGDI 名列第一。澳大利亚、韩国、英国、瑞典、芬兰、新加坡、新西兰、法国和日本位列第 2~10 位。我国 EGDI 为 0.6811，排名第 65 位，在全球范围内处于中等偏上水平。对比 2016 年的排名情况可以发现，多数国家位次均发生变化，在一定程度上反映出各国在电子政务领域争相发展的积极动向[12]。

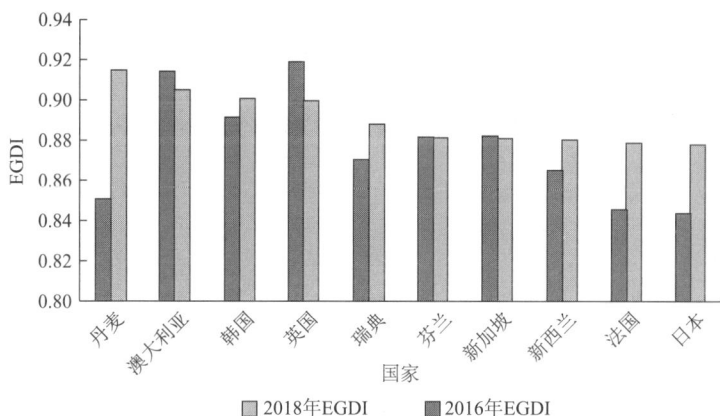

图 2-6　2018 年 EGDI 排名前十的国家
（数据来源：《2018 年联合国电子政务调查报告》）

总的来看，当前世界电子政务的发展呈现出移动化、前沿技术驱动化两大明显特点。首先，移动化、灵活化的电子政务服务已成为主流。支付水电费等公共服务费、缴纳所得税以及注册新企业是全球范围内普及度最高的 3 项在线服务；同时，越来越多的国家开始通过手机应用等方式提供在线政务服务。2018 年，已经有 193 个国家的政府使用电子邮件或简易信息聚合（Really Simple Syndication，RSS）订阅的方式推送信息。其次，信息化领域的前沿技术也在不断与电子政务融合，进一步加快了电子政务的发展速度。第四次工业革命以及大数据、物联网、云计算、人工智能、虚拟现实等创新技术的发展正为电子政务提供前所未有的发展机遇。

二、各国基于前沿技术的信息化布局

信息化发展进程中涌现出一系列前沿技术，如人工智能、大数据、云计算、虚拟现实（Virtual Reality，VR）和增强现实（Augmented Reality，AR）、物联网、区块链等。它们在一定程度上拓展了信息化未来发展的空间，也成为全球各国为在信息化进程中占据优势而争相抢占的制高点。

（一）人工智能领域

人工智能（Artificial Intelligence，AI）又称机器智能，一般是指人类制造出来的机器实现的类人智能技术，通俗地讲就是在机器中模拟人类智能。目前，人工智能技术已经在金融、安防、医疗、教育、交通、语音识别等领域得到运用。例如，通过自然语言处理技术，计算机可以将语音转换成文字，进而实现语音输入、人机语音交互等操作。在机械、能源等领域技术的基础上，结合人工智能，能制造出具有自我学习能力的智能机器人。

1. 人工智能整体发展情况

根据中国电子学会的数据，2018 年全球人工智能核心产业市场规模超过 555.7 亿美元，同比增长 50.2%[13]。

中国信息通信研究院的数据显示，1999 年至 2017 年，全球人工智能关键技术相关发明申请及授权专利数量共超过 10 万项，涵盖领域包括图像识别、生物特征识别、语音识别、语音合成、自然语言理解、机器学习等。

如图 2-7 所示，对比各国人工智能专利申请数量，截至 2017 年，中国、美国和日本的专利申请数量位列世界前三，三国专利申请数量占全球人工智能专利的 75%。值得一提的是，近年来，中国已经超过美国，成为人工智能领域专利申请数量最多的国家。

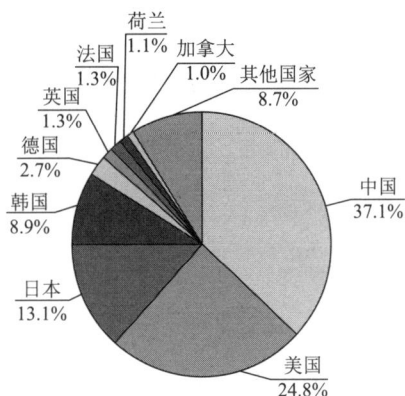

图 2-7 各国人工智能相关专利申请数量的比例
（截至 2017 年，数据来源：《2018 世界人工智能产业发展蓝皮书》）

统计数据显示，截至 2018 年上半年，全球共有 4998 家从事人工智能相关业务的企业。其中，美国有 2039 家，位列第一；中国（不含港澳台地区）有 1040 家，位列第二；其后依次是英国（392 家）、加拿大（287 家）、印度（152 家）等[14]。

2. 各国有关人工智能的发展战略

（1）美国《国家人工智能研究和发展战略计划》

2016 年 5 月，美国政府宣布成立国家科学技术委员会（National Science and Technology Council，NSTC）机器学习和人工智能小组委员会，以协调人工智能领域的研究活动。2016 年 10 月，NSTC 发布了《国家人工智能研究和发展战略计划》（*National Artificial Intelligence Research and Development Strategic Plan*）。2019 年 6 月，美国白宫科技政策办公室（Office of Science and Technology Policy，OSTP）发布《国家人工智能研究和发展战略计划：2019 更新版》，对 2016 年发布的《国家人工智能研究和发展战略计划》进行了全面的更新，主要包括以下 8 个方面的内容。一是资金方面，维持基础人工智能研究的长期投资；二是人机协同方面，工作重点聚焦未来，开发能够补充和增强人类能力的人工智能系统；三是伦理与法律方面，研究并解决人工智能相关的伦理、社会和法律问题；四是安全方面，建设健康且可信任的人工智能系统；五是培训及测试方面，开发用于人工智能培训及测试的公共数据集和环境，加大对数据集和相关挑战的研究；六是技术标准方面，支持人工智能技术标准和相关工具的开发；七是人力需求方面，推动人工智能研发人才队伍的发展，维持美国的领导地位；八是公私合作方面，加强人工智能研发领域的公私合作，推动人工智能快速发展[15]。

此外，美国还出台了《联邦网络安全研究和发展战略计划》（*Federal Cybersecurity Research and Development Strategic Plan*）、《国家隐私研究战略》（*National Privacy Research Strategy*）、《国家战略计算计划》（*National Strategic Computing Initiative*）、《国家机器人计划》（*National Robotics Initiative*）等相关研发战略计划。

（2）日本《人工智能战略 2019》

2019 年 6 月，日本政府出台《人工智能战略 2019》，旨在将日本打造成人工智能强国，引领人工智能技术研发和产业发展。

《人工智能战略 2019》提出，日本发展人工智能的战略目标是：增强对人工智能人才的培养力和吸引力，从全世界吸引人工智能人才；引领全球人工智能相关技术研发，推动日本社会实现可持续发展；增强人工智能相关产业竞争力，引领人工智能产业发展；在国际上构筑人工智能研究、教育、社会应用的网络。

为实现上述战略目标，《人工智能战略 2019》提出要

从以下三方面着手推动日本人工智能领域的发展：一是实施教育改革，重构研发体系。到 2025 年，日本所有高中和大专院校毕业生都应具有"数理、数据科学、人工智能"的相关基础知识；挖掘并培养能够利用数据科学和人工智能实现科技创新的人才；向普通民众提供数理、数据科学及人工智能科普教育；增加学生出国学习数据科学和人工智能技术的机会。二是构建人工智能的社会应用和产业化基础。着力构建数据基础，率先实现人工智能在社会领域的应用，包括健康与医疗、农业、国土资源、交通基础设施与物流、地区发展（智慧城市）等五大重点领域。三是制定人工智能伦理规范。如在日本国内推行"以人为本的人工智能社会原则"，包括以人为中心原则、教育应用原则、保护隐私原则、安全保障原则、公平竞争原则、包容与透明原则、创新原则等七大原则；研究预防"道德倾销"的措施，构建人工智能社会原则多边合作框架。

（3）韩国《人工智能研发战略》

2016 年 8 月，韩国政府确定了九大国家战略项目，包括人工智能、无人驾驶、轻型材料、智慧城市、虚拟现实等。韩国人工智能项目计划到 2026 年将相关专门企业增加至 1000 家，培养专门人员 3600 名，争取在 2026 年后韩国人工智能技术水平赶超其他发达国家。韩国人工智能相关尖端技术将率先应用于社会治理等公共领域，等市场发展成熟后再逐渐向个人用户普及。

2018 年 7 月，韩国第四次工业革命委员会审议通过了《人工智能研发战略》。计划在 2022 年之前新设 6 所人工智能研究生院，目标是培养 1370 名人工智能高级人才。同时，韩国政府还制订了培养 350 名高级研究人员的计划。据韩国信息通信产业振兴院预测，到 2020 年，韩国人工智能硕士和博士人才缺口将达到 4500 人，韩国政府将在 2022 年之前投资约 20 亿美元用于人工智能研究。此外，韩国科技信息通信部发布了可解决人工智能领域人才紧缺问题的短期项目，计划实施 6 个月的教育训练，到 2021 年培养 600 名专业对口青年人才。

从美日韩对人工智能的相关发展战略规划可以看出，它们对人工智能产业的关注重点以及对本国未来在人工智能领域的定位是有一定差异的。美国致力于在人工智能领域保持世界领先地位，在技术标准、法律法规等人工智能产业的基础框架上取得话语权优势，进而达到领导行业、引领其他国家发展的目的。日本和韩国则深刻立足自身需要和国内产业现状，注重将人工智能技术与传统技术及现有产业相结合，在培养人才、科技转化等方面深耕，推动人工智能技术的落地应用，助力社会发展。

（二）大数据领域

麦肯锡全球研究所对大数据的定义是：一种规模大到在获取、存储、管理、分析方面大大超出传统数据库软件工具能力范围的数据集合，具有数据规模海量、数据流转快速、

数据类型多样和价值密度低四大特征。

大数据目前已经在电子商务、教育、医疗、金融、环保、气象等领域得到广泛应用。例如，电商可以通过大数据分析预测消费趋势、地域消费特点、客户消费习惯、消费行为相关度等，同时可以依托大数据分析，指导产品的设计、生产、库存管理等。

1. 大数据产业的整体发展情况

自大数据产业形成以来，相关技术应用迅速渗透至各行各业。随着各国不断加大扶持力度，加之资本的青睐，全球大数据市场规模保持着高速增长态势。

中国信息通信研究院 2019 年 12 月发布的《大数据白皮书（2019 年）》显示，预计 2020 年，全球大数据产业市场规模将达到 560 亿美元，较 2018 年的预期水平增长约 33.33%，较 2016 年的市场规模翻一倍。随着市场的日渐成熟，未来大数据产业市场将呈现稳步发展的态势，增速维持在 14% 左右。

预计到 2020 年，大数据产业中的服务、硬件、软件这三大细分市场规模将分别达到 210 亿美元、200 亿美元和 150 亿美元。随着大数据相关技术的不断发展，大数据软件和大数据服务市场将在未来一段时间保持高速增长，相比之下，硬件领域的市场增速稍低[16]。

目前，多个国家对大数据产业的发展给予了高度关注。

美国的大数据研发计划涉及美国国家科学基金会、国立卫生研究院、国防部、能源部、地质勘探局等多个联邦部门和机构。欧盟也在资助大数据和开放数据领域的研究。日本矢野经济研究所预测，2020 年度日本大数据产业市场规模有望超过 1 万亿日元。

2. 各国有关大数据的发展战略

（1）美国《联邦大数据研发战略计划》

2012 年 3 月，美国政府推出"大数据研究和发展倡议"（*Big Data Research and Development Initiative*）。在此基础上，2016 年 5 月，美国政府又发布了《联邦大数据研发战略计划》（*Federal Big Data Research and Development Strategic Plan*），旨在维持美国在数据科学和创新领域的竞争力。该计划提出了以下七大战略。

一是产业能力方面：利用大数据技术构建新型研发创新能力；在大规模数据采集、管理和分析领域加大投资力度，以增强政府和社会组织对大规模复杂数据的管理和应用能力，并探索运用大数据拓展传统产业。

二是数据可信度方面：充分理解与保证数据的可信度，并用以辅助决策；同时研发新的数据搜集、过滤和分析方法，在各个流程确保数据的可信度。

三是基础设施方面：创建并改善科研网络基础设施，实现大数据创新，为各机构完成其任务提供支持；制定国家战

略来明确基础设施、安全等领域的需求，支持对海量数据的处理与分析，并实现个人隐私保护。

四是数据共享方面：推动数据共享，提升数据利用效率和价值；在此基础上保证对数据的可持续性访问，提高跨平台联合数据分析能力。

五是安全方面：完善隐私、安全、伦理等方面的规定，规范大数据的收集和使用；制定政策保护数据所有权，开发新的数据安全评估技术以保障数据安全。

六是人才队伍方面：完善大数据教育培训相关布局，培养更多具备分析能力的人才，以满足未来产业发展需求；制定综合教育战略，明确大数据人才的核心教育需求，并为人才培养提供资金支持，进一步扩大从业人员规模。

七是创新能力方面：加强国家大数据创新生态中各方的联系，提升联邦机构开展大数据研发的能力；协助各类机构将大数据相关研究成果转化成创新能力；推动跨机构的数据高效共享；形成关注重大挑战型应用的大数据"基准中心"。

此外，美国政府还陆续发布了《支持数据驱动型创新的技术与政策》报告、《大数据：把握机遇，守护价值》白皮书等文件，全方位推进大数据技术研发及相关产业发展。

美国政府近年还持续关注大数据应用及其产业发展，并督促相关部门实施大数据重大项目，构建并开放高质量数据库，强化大数据基础设施，促进数字贸易和跨境数据流动等。2017年9月，美国医疗保健研究与质量局（Agency for Healthcare Research and Quality，AHRQ）发布美国首个可公开使用的医疗数据库，涉及全美600多个卫生系统。

（2）英国《把握数据带来的机遇：英国数据能力战略》

2013年10月，英国政府发布《把握数据带来的机遇：英国数据能力战略》（以下简称《数据能力战略》），旨在使英国成为大数据分析的世界领跑者。该战略在定义数据能力以及如何提高数据能力方面进行了系统性研究分析，并提出了举措和建议。

《数据能力战略》指出，数据能力主要包含3个方面：一是人力资本，包括高技术水平的人才队伍，以及了解数据、会使用数据的广大民众；二是基础设施、软件和研发能力，包括计算和存储设备、数据工具和数据技术的开发研究等；三是数据资产，体现在数据本身的丰富性、可用性和开放性等方面。

为提高上述能力，《数据能力战略》提出了一系列措施。

一是人才建设方面：全面优化改进数据相关课程和专业设置，激励企业发展数据相关职业，以此带动人才培养。

二是基础设施、软件和协同研发方面：大力开发新软件和新技术，提升研发实力，促进学校和企业、跨学科／跨领域的机构和部门之间的合作。

三是安全方面：重视数据安全和隐私保护，完善法律和制度建设，合理进行数据共享和信息公开。

此外，2014 年，英国政府投入 7300 万英镑进行了大数据技术的开发，在多个政府数据分析项目中运用大数据技术；扶持大学等机构发挥大数据研究中心的作用，开设大数据相关课程等。

2017 年 3 月，英国政府发布《英国数字化战略 2017》（*UK Digital Strategy 2017*），提出打造世界一流的数字基础设施、成为最适合数字企业创业和发展的国家、拥有最安全的网络安全环境等目标，以期从数据中挖掘出更大的价值，同时让全社会从中获益。

（3）法国大数据相关发展战略

2011 年 7 月，法国政府启动"Open Data Proxima Mobile"项目，挖掘公共数据价值。该项目旨在推动公共数据在移动终端上的应用，将数据的应用价值最大化。预期项目将能使所有法国公民通过移动终端免费访问国内的公共数据，不仅为公众提供便利，也能为从事数据分析的企业营造市场。

2011 年 12 月，法国政府推出了公开信息线上共享平台，便于公民自由查询和下载公共数据。

2013 年 2 月，法国政府发布《数字化路线图》，明确提出要大力发展大数据技术。

2013 年 4 月，法国政府投入专项资金推动大数据技术发展。法国政府还以新兴企业、软件制造商等为目标，投入 1150 万欧元用于支持 7 个投资项目，目的在于通过发展创新性解决方案，促进法国在大数据领域的发展。

从上述国家制定的大数据相关发展规划可以看出，当前各国对大数据产业的主要关注点在于相关技术的实际应用，包括加大数据挖掘分析力度、保障数据安全、建设基础设施、培养数据分析人才等。大数据产业的发展，将极大推动社会运行、国家治理等领域的技术革新，这已成为各国公认的事实。但我们同样应该清醒地认识到，广泛的数据收集能力、强大的数据处理分析能力也会给隐私保护、社会安全等方面带来前所未有的挑战，这些挑战将在未来一段时间内持续存在，成为各国信息化进程中难以回避的重要问题。

（三）云计算领域

当前学界对云计算的定义有多种说法。美国国家标准与技术研究院（National Institute of Standards and Technology，NIST）给出的定义是，云计算是一种按使用量付费的模式，这种模式提供可用的、便捷的、按需的网络访问，用户接入可配置的计算资源共享池（资源包括网络、服务器、存储、应用软件等），只需投入较少的管理工作，或与服务供应商进行较少的交互，就能使用共享池中的资源进行运算。通俗来说，就是通过网络"云"将巨大的数据计算处理程序分解

成无数个小程序，然后通过多部服务器组成的系统进行处理和分析，并将结果返回给用户。

目前，云计算已经广泛运用于交通、通信、医疗、教育等领域。例如，建立在云计算基础之上的交通运营安全管理系统能将日常运营管理和应急救援管理统一在云端运行，在提高交通运输资源利用效率的同时，也大大增强了处理交通应急事件的能力。建立在云计算基础之上的医疗健康信息平台能大幅提升医疗数据的安全性，也能实现信息跨地域、跨部门共享，有助于为患者提供更为精准的医疗服务。

1. 云计算产业的整体发展状况

根据中国信息通信研究院《云计算发展白皮书（2019）》的数据，2018 年，全球云计算市场规模为 1363 亿美元，比 2017 年增长 23%。当时预计未来几年内，相关市场仍将保持 20% 左右的年增长率，到 2022 年市场规模将达到 2733 亿美元。

如图 2-8 所示，从市场结构来看，2018 年，基础设施即服务（Infrastructure as a Service，IaaS）、平台即服务（Platform as a Service，PaaS）和软件即服务（Software as a Service，SaaS）的市场规模分别为 325 亿美元、167 亿美元和 871 亿美元[17]。

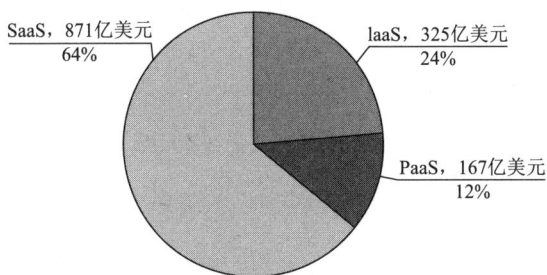

图 2-8　2018 年全球云计算市场结构
（数据来源：《云计算发展白皮书（2019）》）

2. 各国云计算相关发展战略

（1）美国《联邦云计算战略》

2009 年，美国政府在预算申请文件中将云计算列为促进美国政府信息技术基础设施建设的重要技术。政府的首席信息官负责组建云计算工作组，承担推广云计算服务和应用的任务。

2010 年 12 月，美国白宫宣布，将通过云计算优先政策重新对联邦政府的信息技术架构进行组建，并对相关数据中心和应用程序进行梳理。要求各级政府有计划、有步骤地将部分业务转移至新搭建的云计算平台上。

2011 年 2 月，美国政府出台《联邦云计算战略》，旨在解决美国联邦政府电子政务基础设施使用率低、资源需求分散、系统重复建设严重、工程建设管理混乱以及建设周期过长等问题，以提高政府的公信力。

《联邦云计算战略》提出以下目标：出台政策框架，指导各级政府有序地将业务向云计算平台转移；加大投资，加快云

计算基础设施的建设部署速度；在联邦政府层面制定战略规划，统筹推进云计算的发展。联邦政府还要求各部门重新制定各自的发展战略，将云计算的相关开支纳入预算中。云计算的发展被正式纳入美国国家发展规划中，并发挥着越来越重要的作用。

2018 年 10 月，美国政府制定"云敏捷"战略，旨在为联邦政府机构提供相关技术，协助其更好地进行信息化决策，推动各级政府采用更先进的云解决方案。

（2）德国《云计算行动计划》

2010 年 10 月，德国政府发布《云计算行动计划》，目标是大力发展云计算，支持云计算的应用，消除云计算应用中遇到的技术、组织和法律问题。

德国《云计算行动计划》的服务对象是德国云计算用户，主要包括中小企业用户和供应商、州政府、乡镇政府以及法律机关和团体等。《云计算行动计划》主要概述了德国政府在云计算方面将要采取的一系列行动，具体包括 4 个行动领域：通过云计算示范项目挖掘创新能力和市场潜力；建立安全可靠的云计算法律框架和安全标准；为开展国际合作建立统一的云计算服务标准；借助指南、网络、教育等渠道提供指导信息，引导云计算有序发展。

2016 年 3 月，德国联邦经济与能源部发布了《数字化战略 2025》，就德国的数字化发展进行系统安排，预计总投资额接近 1000 亿欧元。《数字化战略 2025》中提到，要在"可信云"技术项目框架下，为云技术制定信息保护认证机制；成立4个"中小型企业4.0机构"，以深化对数字化通信、云计算、流程管理和贸易的研究，并提供服务支持。

美国和德国对云技术的应用都是从政府层面开始，再逐步向企业和私人渗透，这是由云计算的技术特点决定的。相比欧美国家，我国云计算相关产业起步较晚，多数核心技术和发展理念来自发达国家。但得益于近年来我国社会经济的飞速发展，在庞大的市场需求的带动下，我国云计算产业发展势头良好。政府也在自上而下推动云计算相关技术的发展应用，政务云、企业云等业态不断涌现并迸发出强大活力。

（四）VR和AR领域

VR技术是一种能够创建和体验虚拟世界的计算机仿真技术，它利用计算机生成交互式的三维动态视景，能够使用户沉浸到仿真环境中。

AR技术是一种将虚拟信息与现实世界巧妙融合的技术，通过三维建模、实时跟踪及注册、智能交互、传感等多种技术手段，将计算机生成的文字、图像、三维模型、音乐、视频等虚拟信息虚拟仿真后，应用到现实世界中，两种信息互为补充，从而实现对现实世界的"增强"。

目前，VR和AR技术已经在影视娱乐、教育、医疗、军事、航空航天等领域得到运用。例如，VR技术可以让观影者沉浸在虚拟环境中，极大提升观影体验；AR技术可以帮助消

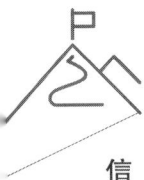

费者在网上购物时更加直观地看到商品的实际使用效果，方便消费者选择。

此外，在 VR 技术的基础上，混合现实（Mixed Reality，MR）技术也开始蓬勃发展。该技术通过在现实场景呈现虚拟场景信息，在现实世界、虚拟世界和用户之间搭起一个交互反馈的信息回路，以增强用户体验的真实感。

1.VR/AR 产业的整体发展情况

英国咨询机构 ABI Research 发布的数据显示，2018 年，全球 VR/AR 市场规模约为 137 亿美元，同比增长约 50%。预计到 2022 年，全球 VR/AR 用户将达到 2.56 亿户，市场规模将超过 600 亿美元；普通消费者将贡献 VR/AR 市场营收总额的 60% 左右，商用市场份额占比约 40%。

如图 2-9 所示，从市场构成来看，截至 2018 年，占据 VR 市场主要份额的是硬件设备，内容类产品的市场份额只占据了较小的比例。

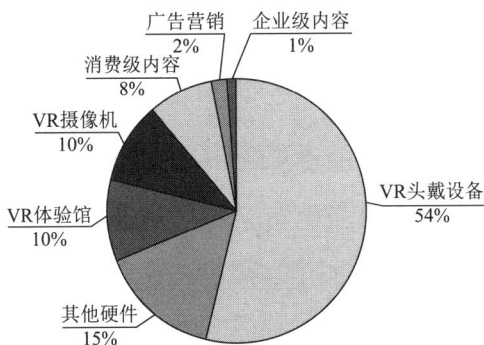

图 2-9　VR 的市场构成
（数据来源：中国产业信息网）

如图 2-10 所示，从不同细分领域来看，2019 年 VR/AR 市场规模排名前列的细分领域分别是 VR 游戏、视频、商业培训以及 AR 游戏[18]。

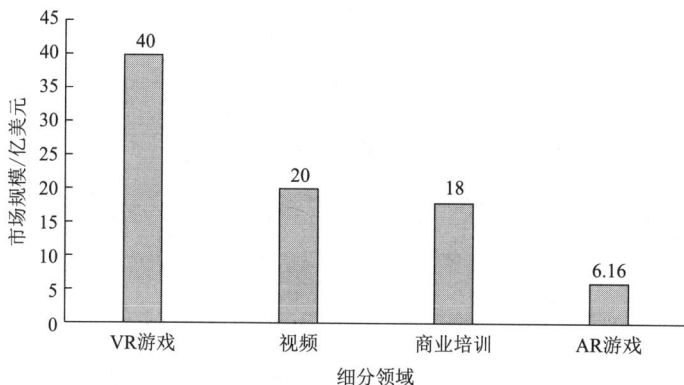

图 2-10   2019 年 VR/AR 细分领域的市场规模
（数据来源：中国产业信息网）

2. 各国有关 VR/AR 技术的发展战略

由于 VR 技术涉及多个学科和领域，各国与 VR 相关的发展规划和政策普遍分散在不同领域的战略规划中。

以美国为例，美国国防部、能源部等多个部门均出台过与 VR 相关的规划文件。美国国防部于 1995 年制定了"建模与仿真总体规划"，并在后来根据现实需求不断进行完善调整，于 2006 年发布"建模与仿真总体规划采购计划"。美国国家科学基金会（National Science Foundation, NSF）在《投资美国的未来：2006—2011 财年战略规划》中表明，将积极推动 VR 技术在教育领域的应用。美国国家航空航天局、国防部、卫生与福利部等部门也积极利用 VR 开展航空训练、空间站维护演练、武器

系统性能评价、武器操纵训练、大规模军事演习以及病毒传播模拟等实践探索，有效推动了相关领域的发展进步。此外，在"国家网络与信息技术研发计划"2016财年预算中，对VR所涉及的人机交互和信息管理领域的预算占比达20%，在8个领域中位列第二，足见美国政府对VR的重视程度。

在亚太地区，日本政府在2007年发布了展望至2025年的科学技术发展路线图《创新25战略》（*Innovation 25*），自动翻译、VR等技术均写入该路线图。韩国政府也积极推进VR产业规划布局。2004年，韩国政府宣布推出"U-Korea"战略，其中包含了可穿戴计算机的相关发展规划。2016年，韩国政府计划设立约3580万美元的VR、AR专项基金，该基金的管理时间为7年，将专门投资AR、VR领域的游戏公司、主题公园以及教育资源公司[19]。

随着5G、物联网等技术不断发展，VR/AR相关技术正展现出广阔的应用前景，医疗、设计、模拟计算等领域都有可能得益于VR/AR技术而取得创新突破。我国高度重视在VR领域谋篇布局，《国家创新驱动发展战略纲要》《"十三五"国家信息化规划》《信息产业发展指南》等国家重大政策规划都对VR/AR技术的发展进行了部署。各地政府积极推动相关规划落地，纷纷在产业园区建设、人才引进和培养等方面加大工作力度。

（五）物联网领域

物联网（Internet of Things，IoT），即"物物相连的互联网"，是指将互联网延伸和扩展到任何物品和物品之间，实现人、机、物在任何时间、任何地点的互联互通[20]。物联网已经在工业、农业、环保、交通等领域得到广泛应用。例如公交车上搭载的定位系统能帮助乘客及时了解车辆位置和行驶状况，合理规划出行路线。

1. 物联网产业的整体发展情况

中国信息通信研究院 2018 年 12 月发布的《物联网白皮书（2018 年）》显示，2018 年全球物联网产业规模约为 1510 亿美元。GSMA 智库预计，2025 年全球物联网市场规模将达到 1.1 万亿美元，物联网连接的总数将达到 250 亿个，智能手机将占据连接总数的 80%，亚太地区将建成全球最大的物联网。

如图 2-11 所示，在工业互联网领域，2018 年全球工业物联网市场规模约为 640 亿美元，预计 2019—2023 年的 5 年内，工业物联网市场规模年均增长率约为 7.39%，到 2023 年将增长到 914 亿美元。

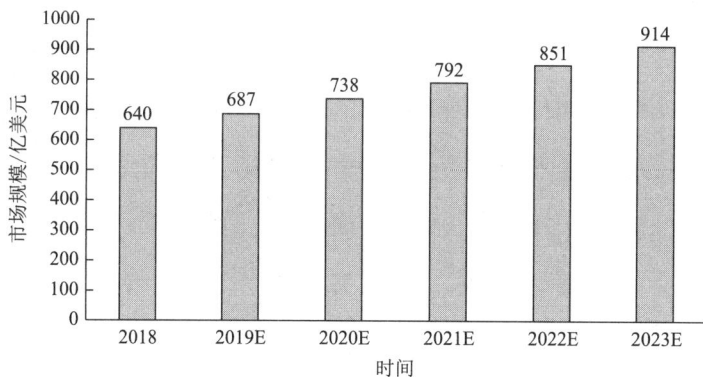

注：E 表示 Estimated，预计的。

图 2-11　全球工业物联网市场规模增长趋势预估

（数据来源：《物联网白皮书（2018 年）》）

此外，2018 年全球智能家居市场进一步增长，智能家居领域的消费者支出总额约为 960 亿美元，预计 2023 年将达到 1550 亿美元。智能手表、手环等可穿戴设备也逐渐受到普通消费者的青睐，物联网正以前所未有的速度改变人们的生活方式[21]。

2. 部分国家和组织有关物联网的发展战略

（1）美国物联网相关发展战略

2008 年，美国国家情报委员会（National Intelligence Council，NIC）发布《2025 对美国利益潜在影响的关键技术》报告，将物联网列为 6 种关键技术之一。

2009 年 1 月，美国发布《经济复兴计划进度报告》，计划 3 年内在美国家庭安装 4000 万个智能电表，并计划将区域性智能电网连接成全国性的智能电网系统。

2015 年 9 月，美国白宫宣布，将投入 1.6 亿美元资金推动智能城市计划，帮助提高城市服务水平。智能城市计划将首先推动物联网应用试验平台的建设，美国国家科学基金会和国家标准与技术研究所计划投资 4500 万美元资金，建设相关基础设施，用于智能城市的研究。此外，美国运输部也计划投资 1.15 亿美元资金，用于开发城市安全、能源、气候、交通和健康等方面的解决方案。

2016 年 6 月，三星公司和英特尔公司向美国政府提交了"国家物联网战略对话"倡议，建议从法律法规、物联网安全、智能基础设施、公私合作等方面推动美国物联网的发展。

（2）欧盟《物联网——欧洲行动计划》

2009 年，欧盟发布了《物联网——欧洲行动计划》，明确表示要采取措施确保欧洲在构建新型互联网的过程中起主导作用。《物联网——欧洲行动计划》主要提出了以下行动路线。

监管方面：制定物联网管理相关原则，并建立一个充分分权的管理框架。

隐私及数据保护方面：密切关注信息保护法规在物联网领域的应用。

风险管控方面：通过立法等方式建立政策框架，保护物联网免受各方面的安全威胁。

关键资源方面：密切关注物联网基础设施的发展，将其视为欧洲的关键资源，并在保护关键信息架构方面予以特别关注。

标准制定方面：促进现有标准向物联网应用延伸，必要时制定新的标准。

研究和发展方面：继续资助在物联网领域的研究合作项目。

公私合作方面：筹备建立 4 个公私合作项目，并将物联网整合到这些项目中。

创新方面：通过物联网先导项目促进物联网应用的有效部署。

机构定位方面：欧盟委员会定期向欧洲议会、欧盟理事会等组织通报物联网的发展情况。

国际交流方面：加强物联网领域的国际对话，建立联合行动约定、分享实践经验。

环境保护方面：对射频识别（Radio Frequency Identification，RFID）标签的回收进行评估。

数据统计方面：发布相关统计数据，跟踪评估物联网相关技术的发展情况及其对经济和社会的影响。

进展监督方面：会同各利益主体，监督物联网领域的最新进展。

《物联网——欧洲行动计划》认为，相关举措将使欧洲在物联网领域占据主导位置，欧洲经济和人民生活也将因此受益。

2015年3月，欧盟委员会推动建立物联网创新联盟（Alliance for Internet of Things Innovation，AIOTI），旨在加强合作，打造良好的欧洲物联网生态系统。2016年4月，欧盟委员会就推进欧洲产业数字化提出三大目标：构建蓬勃发展的物联网生态系统、深化以人为中心的物联网、建构物联网的单一市场。2019年2月，欧洲电信标准组织（European Telecommunications Standards Institute，ETSI）推出了新的全球通用标准，旨在改进消费级物联网产品的基准安全性。

当前，智能物流、智能交通、智能生产等产业的兴起大幅提升生产效率、降低生产成本，也为城市规划、社会治理等领域带来前所未有的新空间。但基础设施、环境、数据、用户隐私等方面的安全威胁也同样不可忽视。我国应借鉴发达国家的治理经验，在鼓励企业创新、推动技术应用等方面给予政策支持，同时也要不断完善监管体系，搭建风险管控和安全防护平台，积极探索符合我国国情的物联网发展之路。

（六）区块链领域

区块链是运用密码学串接并保护内容的串联交易记录（又称区块）。每一个区块包含了前一个区块的加密散列、相应时间戳以及交易数据。区块链包含了分布式数据存储、点对点传输、共识机制、加密算法等多种技术，其本质上是一个去中心化的分布式数据库。区块链上的每个节点都参与整个账本的变动记录，并同步共享复制整个账本的数据，具有去中心化、多方写入、不可篡改、匿名性等特点。区块链在金融、物流、工业、知识产权等诸多领域都有着广阔的应用潜力 [22]。

1. 区块链产业的整体发展情况

美国咨询公司 Tractica 分析，2018 年全球区块链市场规模约为 46 亿美元，到 2025 年市场规模将达到 203 亿美元。市场分析报告供应商 Research and Markets 的数据显示，2017—2022 年，区块链市场的年复合增长率为 42.8%。

如图 2-12 所示，根据投中研究院的数据，2015—2017 年，

全球共发生 459 笔区块链投资交易，融资数量前三位的依次为金融领域、企业服务领域和文化娱乐领域[23]。

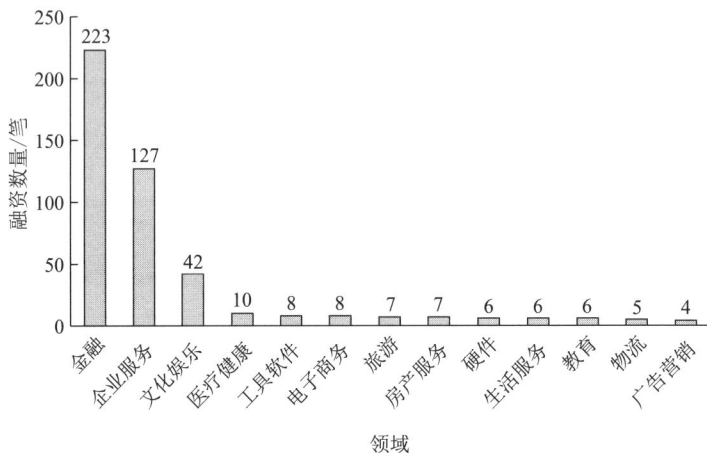

图 2-12　2015—2017 年全球区块链产业融资情况
（数据来源：《2018 年区块链投融资报告》）

如图 2-13 所示，根据中国信息通信研究院和可信区块链推进计划于 2019 年 10 月发布的《区块链白皮书（2019 年）》，截至 2019 年 8 月，全球共有 2450 家区块链企业。但在各国纷纷加大监管力度的背景下，新增区块链企业数量锐减。美国、中国、英国的区块链企业数量分列前三位[24]。

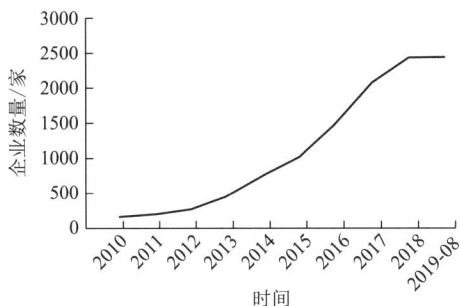

图 2-13　全球区块链企业数量
（数据来源：《区块链白皮书（2019 年）》）

当前，区块链产业发展迅速，区块链技术正逐渐衍生出新业态，为经济发展提供新动力。各国政府也不断完善相关政策，积极推动区块链发展体系和监管机制建设。

2. 各国有关区块链的行动和法规

2018 年 4 月，英国、法国、德国、挪威等 22 个国家宣布建立欧洲区块链联盟，目的是促进欧洲各国之间共享区块链技术管理经验，并为在欧洲市场推广区块链应用提供途径。欧盟委员会认为，该联盟将帮助欧洲在区块链技术的发展和应用等领域占据优势地位。

美国各州政府也根据现实需求，纷纷针对区块链技术出台相关法规。2014 年 7 月，纽约州金融服务管理局提出数字货币许可证制度。2015 年 6 月，康涅狄格州颁布相关法案，要求涉及虚拟货币的商业行为必须遵守法案的规定。此外，佛罗里达州、北卡罗来纳州、华盛顿州等也纷纷发布相关政策，对区块链技术的使用和发展进行规范。2019 年 7 月，美国参议院商业、科学和交通委员会批准了《区块链促进法案》，并在美国商务部内设立区块链工作组。

第三章

我国信息化发展态势

一、我国信息化发展的总体情况

二、我国信息化发展的相关战略规划

近十余年来，中共中央办公厅、国务院办公厅先后印发《2006—2020 年国家信息化发展战略》《国家信息化发展战略纲要》等文件，为我国信息化发展描绘了宏伟的蓝图。2018 年 4 月，习近平总书记在全国网络安全和信息化工作会议上强调，"围绕建设现代化经济体系、实现高质量发展，加快信息化发展，整体带动和提升新型工业化、城镇化、农业现代化发展"。这一论述体现了信息化在我国整体发展规划中的重要地位，为我国信息化发展指明了方向，进一步清晰了信息化发展格局。

一、我国信息化发展的总体情况

近年来，我国信息化发展能力明显增强、发展环境明显改善，信息化整体水平持续提升。网络基础设施建设持续推进，网络覆盖率进一步提升；数字经济发展动力强劲，在国民经济中的地位不断提升；电子政务发展也取得了丰硕成果。未来我国将继续攻坚克难，谋求更高质量、更全面的信息化发展。

（一）网络基础设施的建设情况

1. 固定宽带建设情况

中国互联网络信息中心 2020 年 4 月发布的第 45 次《中国互联网络发展状况统计报告》显示，截至 2019 年 12 月，我国 IPv4 地址数量达到 3.87 亿个。如图 3-1 所示，IPv6 地址数量为 50 877 块 /32，较 2018 年底增长 15.7%，已跃居全球第一位。我国 IPv6 规模部署不断加速，域名总数为 5094 万个，

其中 ".CN" 域名总数为 2243 万个，较 2018 年底增长 5.6%，占我国域名总数的 44%[25]。

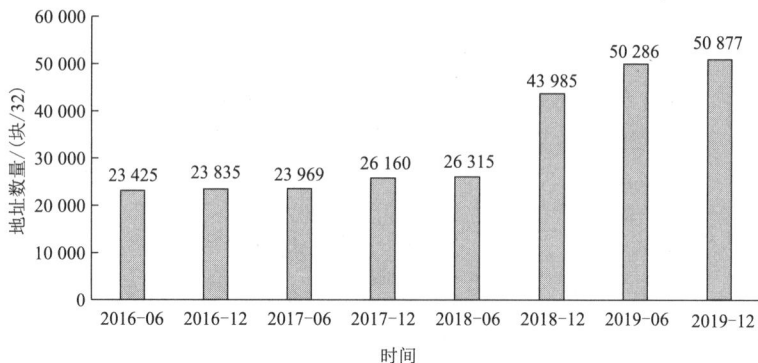

图 3-1　我国 IPv6 地址数量
（数据来源：第 45 次《中国互联网络发展状况统计报告》）

如图 3-2 所示，截至 2019 年 12 月，我国光纤接入用户规模达 4.17 亿户，占互联网宽带接入用户总数的 92.9%，较 2018 年底提升 2.5 个百分点。

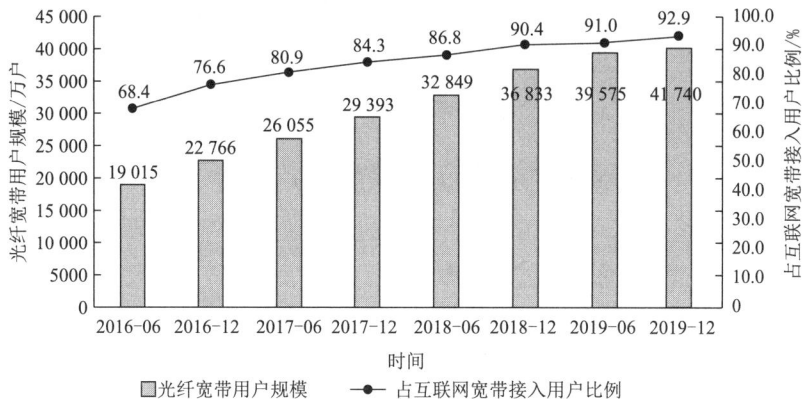

图 3-2　光纤宽带用户规模及其占互联网宽带接入用户比例
（数据来源：第 45 次《中国互联网络发展状况统计报告》）

工业和信息化部数据显示，截至 2020 年 4 月，全国共有光纤接入端口 8.46 亿个，光纤用户占宽带用户的比例超过 93%，超过 98% 的行政村实现光纤覆盖，完成了国家"十三五"规划中的相关目标。

如图 3-3 所示，根据宽带发展联盟 2019 年 8 月发布的《中国宽带速率状况报告》，截至 2019 年 6 月，我国固定宽带平均下载速率为 35.46 Mbit/s，比 2018 年底提升了 26.4%，相较 2015 年底增长了 3.25 倍[26]。

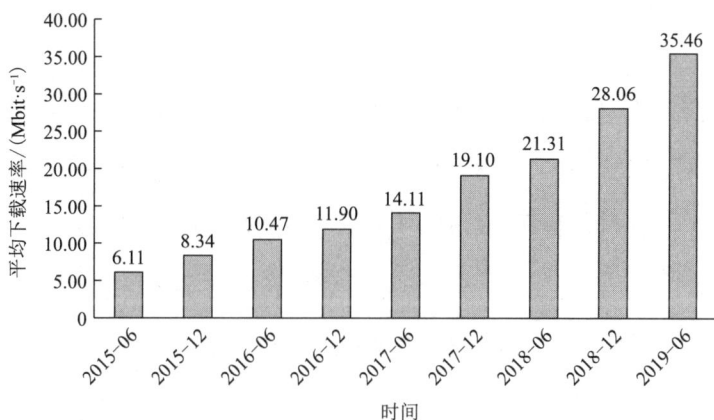

图 3-3　我国固定宽带的平均下载速率
（数据来源：《中国宽带速率状况报告》）

2. 移动宽带的建设情况

2013 年 12 月，我国发放第四代移动通信（4G）TD-LTE 牌照，虽然比发达国家晚 3 ~ 5 年，但我国电信企业迅速迎头赶上，在国内建成了全球规模最大的 4G 网络。如图 3-4 所示，根据《中国宽带发展白皮书（2019 年）》，截至 2019 年 6 月，全国 4G 基站数达 444.8 万个，同比增长 19.4%，占移动通信基站总数的 60.8%，全国行政村 4G 通达率超过 98%。

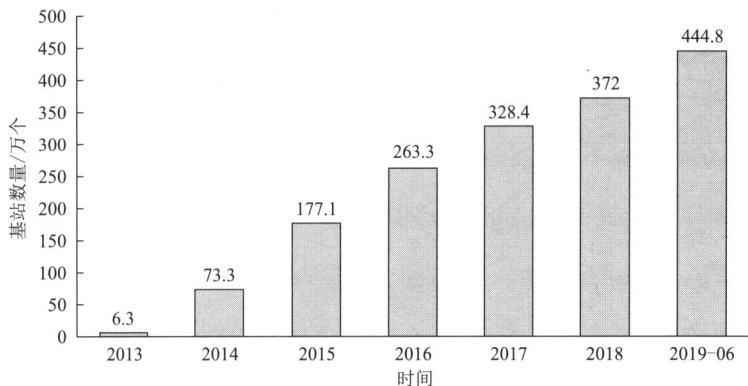

图 3-4　我国 4G 基站数量
（数据来源：《中国宽带发展白皮书（2019 年）》）

随着 4G 覆盖范围的不断扩大和服务质量的不断提升，我国 4G 用户规模也不断扩张。根据工业和信息化部的数据，截至 2020 年 5 月，我国 4G 用户总数达 12.7 亿户。如图 3-5 所示，截至 2019 年 6 月，我国 4G 用户渗透率达 77.6%，在全球位居第 13 名，远高于 47.7% 的全球平均水平。

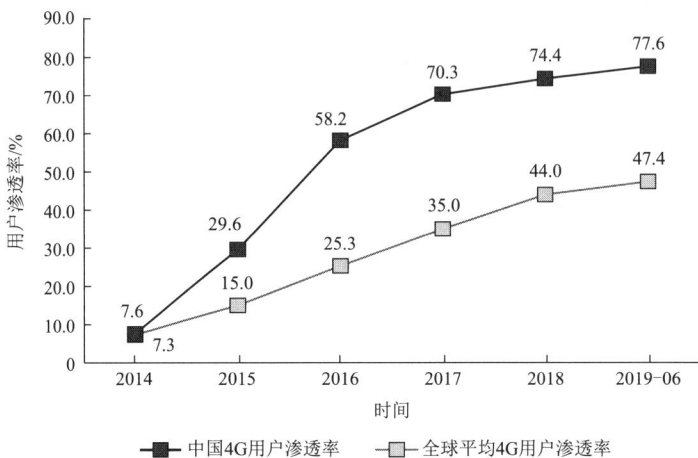

图 3-5　我国 4G 用户渗透率与全球平均水平的对比
（数据来源：《中国宽带发展白皮书（2019）》）

宽带发展联盟数据显示，在渗透率不断升高的同时，我国 4G 网络下载速率也在持续提升。如图 3-6 所示，截至 2019 年第二季度，我国移动宽带用户使用 4G 网络访问互联网时的平均下载速率达到 23.58 Mbit/s，同比提升 16.6%。

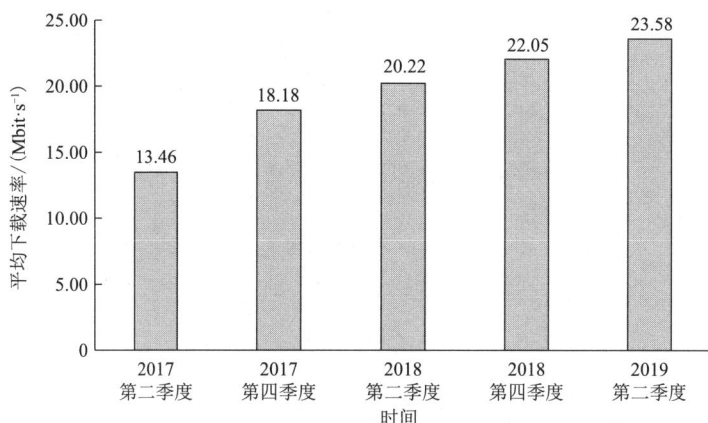

图 3-6　我国 4G 用户平均下载速率
（数据来源：《中国宽带发展白皮书（2019 年）》）

近年来，随着我国移动数据流量平均资费不断下降，用户月均移动数据流量（Dataflow of Usage， DOU）也在持续增长。如图 3-7 所示，截至 2019 年底，我国移动数据流量平均资费为 5 元 /GB，用户月均移动数据流量为 7.79 GB。

2019 年第二季度，我国移动网络每用户平均支出为 11.34 美元，低于全球 13.87 美元的平均水平[27]。

此外，我国科技企业大力推动 5G 技术研发攻关，在 5G 国际标准制定方面争取到了颇具分量的话语权，在大规模天线、网络编码等关键技术领域取得了重大突破。三家基础电信企业先后发布了 5G 网络建设计划，全国 5G 基站建设工作稳步推进。

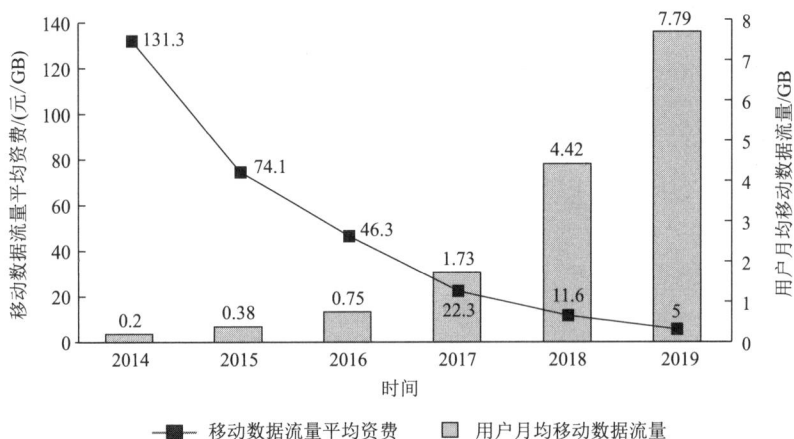

图 3-7　我国移动用户月均移动数据流量和费用情况
（数据来源：工业和信息化部）

（二）数字经济的发展情况

2017 年 12 月，十九届中央政治局就实施国家大数据战略进行第二次集体学习，习近平总书记在主持集体学习时强调，"要构建以数据为关键要素的数字经济""加快发展数字经济，推动实体经济和数字经济融合发展"。发展数字经济，是紧跟时代步伐的现实路径，是提升我国综合国力的战略规划，也是立足国情的必然选择。

如图 3-8 所示，根据中国信息通信研究院 2019 年 4 月发布的《中国数字经济发展和就业白皮书（2019 年）》，2018 年我国数字经济总量达到 31.3 万亿元人民币，占 GDP 比重达到 34.8%，占比同比提升 1.9 个百分点。数字经济已成为近年来带动经济增长的核心动力，2018 年我国数字经济对 GDP 增长的贡献率为 67.9%，超越部分发达国家水平，数字经济在国民经济中的地位不断提升。

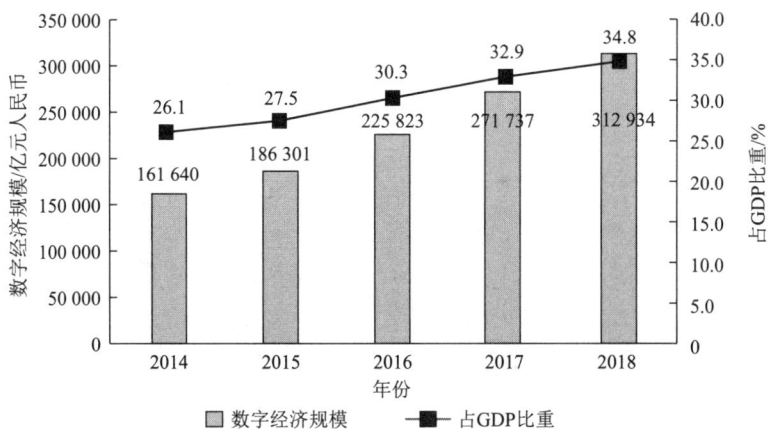

图 3-8　我国数字经济规模及占比
（数据来源：《中国数字经济发展和就业白皮书（2019 年）》）

2018 年，中国各省（区、市）数字经济发展平稳，数字经济市场规模实现稳步增长，但差距有扩大趋势，数字经济发展不平衡的问题逐渐显露。从总体规模来看，各省（区、市）数字经济规模呈现自东向西逐级递减的梯级分布特征。2018年，数字经济规模超过 1 万亿元人民币的省（区、市）共有11 个，包括广东、江苏、山东、浙江、上海、北京等。

2018 年，长江经济带、京津冀地区、东北老工业基地、珠三角地区，以及西北地区等重点区域数字经济发展动力充足、势头强劲。其中长江经济带数字经济规模最大，为 8.63万亿元人民币；珠三角地区次之，为 4.31 万亿元人民币。从数字经济占比看，珠三角地区数字经济占其 GDP 比重最高，为 44.3%；长江经济带次之，为 40.9%。从增速来看，长江经济带数字经济增长最快，同比增长 18.3%。

如图 3-9 所示，在就业方面，2018 年我国数字经济领域就业人数达到 1.91 亿人，占当年总就业人数的 24.6%。

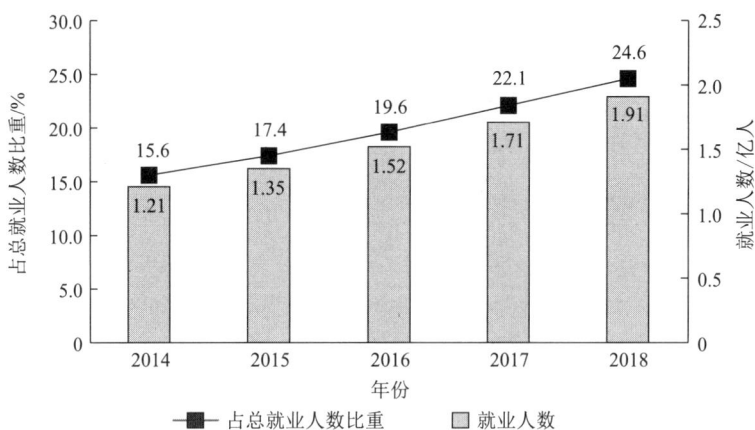

图 3-9　2014—2018 年我国数字经济吸纳就业人数
（数据来源：《中国数字经济发展和就业白皮书（2019 年）》）

从就业规模看，2018 年，山东数字经济相关就业岗位最多，为 2159 万个；河南、江苏、安徽等就业大省，数字经济相关就业岗位也超过 1000 万个；而西部的宁夏、青海等地数字经济岗位相对较少，不足 100 万个。从就业增速看，2018 年，贵州的数字经济吸纳就业人数增速最快，为 18.1%；重庆、浙江、新疆等地增速也均超过 10%；内蒙古、黑龙江、甘肃增速则较慢，分别为 2.2%、1.4% 和 1.1%[28]。

在国家政策支持和技术、市场等因素的助力下，我国数字经济的发展取得了令人瞩目的成绩。但同时也应认识到该领域依然面临诸多挑战，如数字经济发展不平衡、企业数字化转型困难等，未来仍需要统筹各方力量，努力实现数字经济更好更快的发展。

（三）电子政务的发展情况

在信息技术日新月异的时代，电子政务已经成为治国理政、提高社会运行效率不可或缺的重要工具。政务工作的电子化、信息化是国家推动政府职能转变，提高政府管理能力、公共服务能力和应急能力的重要举措，有利于带动整体国民经济和社会信息化的发展。

1. 我国电子政务的发展历程

自 20 世纪 80 年代中期我国电子政务起步以来，电子政务的发展经历了 3 个阶段。

办公自动化阶段（1984—1999 年）。 "六五"期间（1981—1985 年），我国已经明确提出要在政府管理中使用计算机，当时的国家计委、财政部等中央政府部门开始建立数据中心并进行电子办公。"七五"期间（1986—1990 年），我国建设了包括国家经济信息系统等在内的十余个信息系统，43 个部委建立了信息中心，中央政府安装的大中型计算机已经达到 1300 多台，微机超过 3 万台，数据库约 170 个。到 1996 年前后，国务院各部门以及各地方政府办公厅全部联入政府系统第一代数据通信网。此时的政府办公自动化主要处于信息技术的单机应用和分散开发阶段，软硬件和数据资源应用水平较低。

"政府上网工程"及能力建设全面推进阶段（1999—2002 年）。 1999 年，当时的国家经贸委经济信息中心和中

国电信牵头，正式启动了"政府上网工程"，这标志着我国电子政务的发展开始进入互联网时代。2000年5月，国务院办公厅下发了《关于进一步推进全国政府系统办公自动化建设和应用工作的通知》，提出要用3至5年时间建设"三网一库"的任务。"三网一库"即机关内部办公业务网（内网）、全国政府办公业务资源网（专网）、基于互联网的面向社会的政府公众信息网（外网）以及共建共享政府办公业务信息资源数据库。2001年12月，国家信息化领导小组第一次会议召开，明确了实行加快信息化建设的战略，把推进电子政务建设明确纳入国家信息化工程的工作重点。至2002年底，各级政府注册的gov.cn域名数量就已达到6686个，已经建成的政府门户网站数量达4929个。国家各部、委、办、局以及地市级以上的地方政府都建立了网站，一些经济中心城市的政府网站初具规模[29]。

全面建设和理性发展阶段（2002年底至2013年）。 2002年8月，国家信息化领导小组正式下发《关于我国电子政务建设的指导意见》，我国电子政务的发展正式进入全面建设阶段。2011年12月，工业和信息化部发布了《国家电子政务"十二五"规划》，提出了以电子政务科学发展为主题，以深化应用和注重成效为主线，转变电子政务发展方式，走一条立足国情、讲求实效、面向未来的电子政务发展道路。2013年2月，工业和信息化部信息化推进司印发了《基于云计算的电子政务公共平台顶层设计指南》，提出要通过云计算模式提升基础设施资源利用效率，进一步推动电子政务发展。自此,中国电子政务走上速度与质量并重的成熟发展道路。

电子政务平台及技术创新发展阶段(2013年底至今)。随着移动互联网的发展,手机等移动设备逐渐成为民众获取信息的重要载体。为适应这一新的变化,政府部门纷纷推出"两微一端"平台服务,进一步推动政务公开工作。此外,云计算等新技术也被纳入电子政务发展规划。2017年8月,国家发展和改革委员会(以下简称国家发展改革委)印发《"十三五"国家政务信息化工程建设规划》,提出按照"数、云、网、端"融合创新趋势及电子政务集约化建设需求,形成互联互通、安全防护、共享交换、云计算、数据分析、容灾备份等综合服务能力,实现电子政务关键公共基础设施的统建共用,支撑政务业务协同和数据共享汇聚。

2. 我国电子政务的发展现状

党的十八大以来,党中央、国务院高度重视电子政务建设,我国电子政务的发展取得了积极的进展。

一是网络平台支撑能力进一步增强,政务网络框架逐渐建成,网络覆盖面积大幅度提高。政务外网已经成为我国最大的统一政务网络平台,在支撑跨部门、跨地区的国家级应用平台方面取得重大的进展。二是网上政务服务能力不断提高。根据中央党校(国家行政学院)的研究,截至2018年,我国已基本建成32个省级网上政务服务平台体系,网上政务服务能力指数得分为"高"以上的省级政府,由2016年的12个增加到22个,占比为68.75%[30]。三是政府数据开放进

展顺利。在中央的积极推动下，《政务信息资源共享管理暂行办法》《关于加快推进"互联网＋政务服务"工作的指导意见》等政策出台，各级政府陆续启动政府数据开放计划，纷纷探索"开放数据"的惠民之道[31]。

联合国经济和社会事务部 2018 年 9 月发布的《2018 联合国电子政务调查报告》显示，我国电子政务发展指数（EGDI）为 0.6811，排名第 65 位，在全球范围内处于中等偏上水平。与全球排名前 20 的国家（EGDI 大于 0.83）相比，我国仍存在一定差距。从细分领域来看，我国在线服务指数分值较高，为 0.8611，基本达到领先国家的水平。但在人力资本指数等方面，我国相对较弱[32]。

我们要清醒地认识到，我国电子政务的发展仍面临法律法规有待健全、体制机制不够完善、公共服务水平有待提高等问题。未来需要政府和社会配合，不断优化电子政务体制，营造一个透明公开、全民参与的电子政务大环境，助力国家治理体系和治理能力现代化。

二、我国信息化发展的相关战略规划

为了在世界信息化浪潮中占据有利位置，推动信息化事业更好更快发展，党中央和国务院在充分把握我国国情的基础上积极布局，提出实施网络强国战略、《国家信息化发展战略纲要》、"互联网＋"行动计划、国家大数据战略等重大战略规划，为我国信息化事业提供了制度保障、明确了发展方向。

（一）网络强国战略

党的十八大以来，以习近平同志为核心的党中央高度重视、大力推进网络安全和信息化工作，深刻把握人类社会发展信息时代阶段特征，客观分析当前我国互联网发展基本情况及全球互联网发展新形势，先后发表了一系列重要讲话，提出了一系列治网新理念、新思想、新论断，科学回答了"为什么要建设网络强国、建设什么样的网络强国以及怎样建设网络强国"的重大问题。

2014 年 2 月，习近平总书记在中央网络安全和信息化领导小组第一次会议上初步提出了建设网络强国的愿景，强调"建设网络强国的战略部署要与'两个一百年'奋斗目标同步推进，向着网络基础设施基本普及、自主创新能力显著增强、信息经济全面发展、网络安全保障有力的目标不断前进"。

2015 年 10 月，党的十八届五中全会通过《中共中央关于制定国民经济和社会发展第十三个五年规划的建议》，明确提出实施网络强国建设。

2018 年 4 月，在全国网络安全和信息化工作会议上，习近平总书记深入阐述了网络强国建设，系统明确了一系列方向性、全局性、根本性、战略性问题，对当前和今后一个时期网信工作作出重要战略部署。

1. 建设网络强国的必要性

习近平总书记在中央网络安全和信息化领导小组第一次

会议上指出，"当今世界，信息技术革命日新月异，对国际政治、经济、文化、社会、军事等领域发展产生了深刻影响。信息化和经济全球化相互促进，互联网已经融入社会生活方方面面，深刻改变了人们的生产和生活方式。我国正处在这个大潮之中，受到的影响越来越深。我国互联网和信息化工作取得了显著发展成就，网络走入千家万户，网民数量世界第一，我国已成为网络大国"。这是建设网络强国的基础前提。"网络安全和信息化对一个国家很多领域都是牵一发而动全身的，要认清我们面临的形势和任务，充分认识做好工作的重要性和紧迫性"。由此可见，建设网络强国事关全局。随着互联网特别是移动互联网的发展，社会治理模式正在从单向管理转向双向互动，从线下转向线上线下融合，从单纯的政府监管转向更加注重社会协同治理，这一形势转变要求我们推进网络强国建设。

建设网络强国的战略目标，是在深刻认识我国网络发展现状的基础上提出的。一是我国互联网发展整体存在"大而不强"的问题。一方面，我国在网络规模、网民数量、智能手机用户数量等方面位列世界第一，同时国内域名数量、境内网站数量也位居世界前列。另一方面，与网络强国相比，我国还有较大差距，突出表现是关键技术受制于人，自主创新能力不强，网络安全面临严峻挑战。另外，我国以信息化驱动新型工业化、新型城镇化、农业现代化和国家治理现代化的任务十分繁重。二是实施网络强国建设，有助于提升我国综合国际竞争力。随着全球范围内信息化和网络化的不断深入发展，网络逐渐渗透到经济、政治、文化、教育等各个领域，也不断推动着经济社会转型，在提升国家综合竞争力方面发挥着越来越重要的作用。面对汹涌而来的信息化和网络化浪潮，只有掌握先进的网络技术，不断夯实网络根基，才能抢占经济、社会、科技发展的制高点。建设网络强国是提升综合国际竞争力的必由之路，这一点已经成为国际社会的共识[33]。

2. 网络强国建设的目标

2014年2月，在中央网络安全和信息化领导小组第一次会议上，习近平总书记指出，"没有网络安全就没有国家安全，没有信息化就没有现代化。建设网络强国，要有自己的技术，有过硬的技术；要有丰富全面的信息服务，繁荣发展的网络文化；要有良好的信息基础设施，形成实力雄厚的信息经济；要有高素质的网络安全和信息化人才队伍；要积极开展双边、多边的互联网国际交流合作"。2016年4月，在网络安全和信息化工作座谈会上，习近平总书记提出："网络空间是亿万民众共同的精神家园。网络空间天朗气清、生态良好，符合人民利益。网络空间乌烟瘴气、生态恶化，不符合人民利益。"

概括地讲，网络强国至少有六大标志。一是网络信息化基础设施要处于世界领先水平。二是要有明确的网络空间战略，在国际社会中拥有网络话语权。三是关键技术上要自主可控，特别是操作系统、芯片等关键领域。四是网络安全要

有足够的保障手段和能力。五是网络应用在规模、质量等方面要处于世界领先水平。六是在网络空间战略中，要有占领制高点的能力和实力[34]。

3. 网络强国建设的实施要求

首先，要贯彻以人民为中心的发展思想。在 2016 年 4 月 19 日召开的网络安全和信息化工作座谈会上，习近平总书记强调，"网信事业要发展，必须贯彻以人民为中心的发展思想。要适应人民期待和需求，加快信息化服务普及，降低应用成本，为老百姓提供用得上、用得起、用得好的信息服务，让亿万人民在共享互联网发展成果上有更多获得感"。

其次，要做到安全与发展齐头并进。2016 年 10 月，在十八届中央政治局第三十六次集体学习中，习近平总书记强调，"要维护网络空间安全以及网络数据的完整性、安全性、可靠性，提高维护网络空间安全能力"。2014 年 2 月，在中央网络安全和信息化领导小组第一次会议上，习近平总书记强调，"网络安全和信息化是一体之两翼、驱动之双轮，必须统一谋划、统一部署、统一推进、统一实施。做好网络安全和信息化工作，要处理好安全和发展的关系，做到协调一致、齐头并进，以安全保发展、以发展促安全，努力建久安之势、成长治之业"。

此外，在网络安全和信息化工作座谈会上，习近平总书记还指出，"各级党政机关和领导干部要学会通过网络走群众路线""我们要掌握我国互联网发展主动权，保障互联网安全、国家安全，就必须突破核心技术这个难题，争取在某些领域、某些方面实现'弯道超车'""加强网络内容建设，做强网上正面宣传，培育积极健康、向上向善的网络文化"。2016年10月，习近平总书记在十八届中央政治局第三十六次集体学习中指出，"要正确处理安全和发展、开放和自主、管理和服务的关系，不断提高对互联网规律的把握能力、对网络舆论的引导能力、对信息化发展的驾驭能力、对网络安全的保障能力，把网络强国建设不断推向前进"。

（二）国家信息化发展战略

2006年3月，中共中央办公厅、国务院办公厅印发了《2006—2020年国家信息化发展战略》。2016年7月，中共中央办公厅、国务院办公厅印发了《国家信息化发展战略纲要》，根据新形势对《2006—2020年国家信息化发展战略》进行了调整和发展，为未来十年我国的信息化发展指明了道路和方向。

1. 制定国家信息化发展战略的必要性

2016年4月，习近平总书记在网络安全和信息化工作座谈会上提出"网信事业代表着新的生产力、新的发展方向""网信事业要发展，必须贯彻以人民为中心的发展思想""国家利益在哪里，信息化就覆盖到哪里"等一系列新思想、新理念、新论断，为我国信息化发展指明了方向，提供了根本遵循。

出台《国家信息化发展战略纲要》，就是要深入贯彻落实习近平总书记的系列重要讲话精神，坚持走中国特色的信息化发展道路，以信息化驱动现代化。

第一，互联网技术发展到了新时期。随着互联网的发展，智能化、移动化、云化的互联网新时期已经初现端倪，互联网对经济社会发展、国家治理等方面的影响更加深远。谁占领信息化战略制高点，谁就能掌握先机、赢得未来、赢得优势。有必要从战略全局的高度进行谋篇布局，让互联网技术更好地服务于经济社会发展、为人民谋福祉。

第二，信息化成为推动经济发展的新动力。2018年4月，习近平总书记在全国网络安全和信息化工作会议上指出："网信事业代表着新的生产力和新的发展方向。"要充分发挥信息化的引领和驱动作用，促进供给侧结构性改革，培育经济发展新动力，提高经济发展的质量和效益。信息技术本身是通用技术，已经广泛渗透到各行各业。推动信息化发展的同时，也会对相关行业产生辐射带动作用。我国经济已经进入新常态，面临调整经济发展速度、优化经济发展结构、防范化解重大风险等现实需求，亟待信息化为经济注入新的发展动力。

第三，信息化水平成为国家实力的重要表现。随着世界各国纷纷将信息化发展纳入国家战略，信息化水平在很大程度上成为衡量国家实力的重要标准。面对多变的国际形势和激烈的国际竞争，信息化已被视为维护国家安全、应对全球挑战的重要工具。

2.国家信息化发展的战略任务

《国家信息化发展战略纲要》共从 14 个方面提出了 56 项具体任务，包含 3 个关键词——能力、应用和环境，这 3 个关键词构成了国家信息化发展的有机整体。其中能力是核心，应用是牵引，环境是保障。

一是大力增强信息化发展能力（5 个方面 20 项具体任务）。信息技术和产业发展程度决定着信息化发展水平。增强信息化发展能力，是今后（编者注：指该纲要印发之后）一段时期国家信息化工作的首要任务。《国家信息化发展战略纲要》对"发展核心技术、夯实基础设施、开发信息资源、优化人才队伍、深化合作交流"等方面作出了安排。

二是着力提升经济社会信息化水平（6 个方面 27 项具体任务）。没有信息化就没有现代化，关键是发挥信息化对经济社会发展的驱动引领作用。《国家信息化发展战略纲要》重在落实"五位一体"总体布局，对培育信息经济、深化电子政务、繁荣网络文化、创新公共服务、服务生态文明建设作出了安排。其中培育信息经济、促进转型发展方面，主要是推进信息化和工业化深度融合，加快推进农业现代化，推进服务业网络化转型，促进区域协调发展，夯实发展新基础、优化政策环境等。

三是不断优化信息化发展环境（3 个方面 9 项具体任务）。《国家信息化发展战略纲要》强调要保障信息化有序健康安

全发展，明确了推进信息化法治建设、加强网络生态治理、维护网络空间安全等主要任务。

3. 基本方针和组织实施

《国家信息化发展战略纲要》共提出了6条基本实施方针，分别是统筹推进、创新引领、驱动发展、惠及民生、合作共赢、确保安全。这6条方针为《国家信息化发展战略纲要》的实施提出了基本要求、指明了方向。

习近平总书记在党的十八届三中全会上指出，"制定出一个好文件，只是万里长征走完了第一步，关键还在于落实文件"。《国家信息化发展战略纲要》强调，必须坚持中央网络安全和信息化领导小组对国家信息化发展的集中统一领导，信息化领域重大政策和事项须经领导小组审定。各地区各部门要强化组织领导、健全工作机制、完善配套政策、加强督促落实，将各项战略任务落到实处，确保战略目标如期实现。

（三）"互联网＋"行动计划

2015年3月，十二届全国人大三次会议上，李克强总理在政府工作报告中首次提出"互联网＋"行动计划。2015年7月，国务院印发《国务院关于积极推进"互联网＋"行动的指导意见》（以下简称《指导意见》）。这是党中央、国务院在认识把握我国信息化发展现实情况的基础上，统筹全局、高瞻远瞩，为我国互联网与各领域深度融合并充分带动其发展作出的重大战略部署。

《指导意见》提出了 11 个互联网融合发展的重点领域，从大类来看，可以划分为三大板块：经济发展、民生服务和创新变革。

一是推动互联网与经济领域融合。《指导意见》覆盖"互联网+"协同制造、现代农业、智慧能源、普惠金融、高效物流、电子商务六大专项行动，涉及国民经济三大生产领域和现代生产性服务业。在充分考虑每个领域发展现状和特性的基础上，制定不同的融合发展战略，以达到转型升级传统产业、深度拓展新型业态、鼓励扶持新起步领域的目标。

二是优化资源配置、丰富民生服务内容。"互联网+益民服务"全面覆盖与广大人民群众日常生活密切相关的重要领域。通过进一步推进电子政务、在线医疗、在线教育等领域的发展，充分发挥互联网技术的优势，降低服务成本、增强民众获得感。

三是激发创新创业活力，建设创新型国家。在建设创新型国家的大方向下，《指导意见》中的多个专项方案都将互联网融合创新作为重要抓手，提出强化创业创新支撑、积极发展众创空间、促进开放式创新，打造活跃宽松、充满生机的创业创新环境。《指导意见》提出，到 2025 年的发展目标是，网络化、智能化、服务化、协同化的"互联网+"产业生态体系基本完善，"互联网+"新经济形态初步形成，"互联网+"成为经济社会创新发展的重要驱动力量。

2019 年，我国政府工作报告明确提出，全面推进"互联网+"，运用新技术新模式改造传统产业。具体包括深化"互联网+政务服务"，提高企业和群众办事便利度；发展"互联网+教育"，促进优质资源共享；发展"互联网+医疗健康"，加快建立远程医疗服务体系；压减和规范督查检查考核事项，实施"互联网+督查"；推行信用监管和"互联网+监管"改革，优化执法方式等。

（四）国家大数据战略

2015 年 8 月，国务院印发《促进大数据发展行动纲要》，赋予了大数据推动数据强国建设、提升政府治理能力、推动经济转型升级的战略地位。2015 年 10 月，党的十八届五中全会通过《中共中央关于制定国民经济和社会发展第十三个五年规划的建议》，明确提出实施国家大数据战略。

1. 国家大数据战略提出的背景

一是数据资源已经成为国家重要的战略资源。近年来信息技术与经济社会各领域的深度融合，使数据量获得了爆发式增长，全球产生的数据量，每两年就会翻倍。利用大数据分析，能够总结经验、发现规律、预测趋势、辅助决策，充分释放和利用海量数据资源中蕴含的巨大价值。数据资源已经成为关乎国家发展、涉及国家安全稳定的重要战略资源。

二是我国巨大的市场为发展大数据提供了优势。近年来，我国大数据产业规模不断扩大。国家工业信息安全发展研究中心发布的《2019中国大数据产业发展报告》显示，2019年我国大数据产业规模超过8000亿元，预计到2020年底将超过万亿元。巨大的市场需求一方面要求政府大力推进大数据的发展，另一方面也为大数据的发展提供了强劲动力。

2.《促进大数据发展行动纲要》的主要内容

《促进大数据发展行动纲要》的内容可以概括为"三位一体"，即围绕全面推动我国大数据发展和应用，加快建设数据强国这一总体目标，确定三大重点任务：一是加快政府数据开放共享，推动资源整合，提升治理能力；二是推动产业创新发展，培育新业态，助力经济转型；三是强化安全支撑，提高管理水平，促进健康发展。围绕"三位一体"，具体明确了五个目标、七项措施、十大工程。

五个目标：一是打造精准治理、多方协作的社会治理新模式；二是建立运行平稳、安全高效的经济运行新机制；三是构建以人为本、惠及全民的民生服务新体系；四是开启大众创业、万众创新的创新驱动新格局；五是培育高端智能、新兴繁荣的产业发展新生态。

七项措施：完善组织实施机制、加快法规制度建设、健全市场发展机制、建立标准规范体系、加大财政金融支持、加强专业人才培养、促进国际交流合作。

十项工程：政府数据资源共享开放工程、国家大数据资源统筹发展工程、政府治理大数据工程、公共服务大数据工程、工业和新兴产业大数据工程、现代农业大数据工程、万众创新大数据工程、大数据关键技术及产品研发与产业化工程、大数据产业支撑能力提升工程、网络和大数据安全保障工程。

（五）区块链的相关政策规划

我国有关区块链的政策的发布始于对比特币等所谓"虚拟货币"的监管。2013 年，比特币价格飞涨，"虚拟货币"迎来全球投资热潮，国内出现部分机构和个人借机炒作的情况。作为比特币的底层技术，区块链技术也在此时走入公众视野。

近年来，我国积极推动制定比特币监管政策，逐步完善区块链相关管理规定。2013 年 12 月，中国人民银行等五部委联合发布《关于防范比特币风险的通知》。2016 年，工业和信息化部发布《中国区块链技术和应用发展白皮书（2016）》，首次提出了我国区块链技术发展的标准路线图。同年 12 月，区块链技术被列入《"十三五"国家信息化规划》。2017 年 7 月，国务院发布《新一代人工智能发展规划》，提出要促进区块链技术与人工智能的融合。2017 年 10 月，国务院办公厅发布《关于积极推进供应链创新与应用的指导意见》，研究利用区块链建立基于供应链的信用评价机制。2017 年 12 月，工业和信息化部发布《区块链 数据格式规范》，为区块链产业应用提供了统一的数据标准。2019 年 1 月，国家互联网信息办公室发布《区块链信息服务管理规定》，明确区块链信息服务提供者的信息安全管理责任，规范和促进区块链技术及相关服务健康发展。

2019年10月，十九届中央政治局进行第十八次集体学习。习近平总书记在主持集体学习时强调，区块链技术的集成应用在新的技术革新和产业变革中起着重要作用。我们要把区块链作为核心技术自主创新的重要突破口，明确主攻方向，加大投入力度，着力攻克一批关键核心技术，加快推动区块链技术和产业创新发展。习近平总书记指出，区块链技术应用已延伸到数字金融、物联网、智能制造、供应链管理、数字资产交易等多个领域。目前，全球主要国家都在加快布局区块链技术发展。我国在区块链领域拥有良好基础，要加快推动区块链技术和产业创新发展，积极推进区块链和经济社会融合发展。

习近平总书记的讲话为区块链产业带来了"春风"，各地政府也相继出台了有关区块链的政策。据零壹智库不完全统计，截至2019年12月，国家层面共出台了40余部与区块链相关的指导政策，全国31个省（区、市）和香港特别行政区颁布了与区块链相关的政策文件[35]。

从国家层面出台的区块链政策来看，我国已基本形成区块链的初步监管框架：区块链信息服务备案管理由中共中央网络安全和信息化委员会办公室（以下简称中央网信办）负责；虚拟货币交易、首次币发行（Initial Coin Offering，

ICO）等活动主要由中国人民银行、互联网金融风险专项整治工作领导小组办公室和中国互联网金融协会监管；区块链技术标准的制定由工业和信息化部牵头等。

从地方出台的区块链政策来看，北京、广东和浙江的相关政策数量相对较多，出台时间也相对较早。其他地区从2019年开始也陆续发布相关政策，据不完全统计，仅2019年11月，全国至少有16个省（区、市）推出区块链相关政策。目前，地方出台的政策以扶持区块链产业发展为主，涉及技术、产业和应用等多个层面。

第四章

不断提高信息化发展驾驭能力

一、优化信息化发展环境

二、增强信息化发展能力

三、提高信息化应用水平

按照中央的要求，信息化发展要做到"两个统筹""一条主线""一个目标""三个着力"。"两个统筹"即统筹国内国际两个大局，统筹发展安全两件大事；"一条主线"即以信息化驱动现代化为主线；"一个目标"即以建设网络强国为目标；"三个着力"即着力优化信息化发展环境，着力增强信息化发展能力，着力提高信息化应用水平。在此基础上，让信息化真正造福社会、造福人民。

一、优化信息化发展环境

信息技术的发展和普及为社会发展和治理带来了新的机遇和挑战，要加强对信息化发展的前瞻性研究，及时调整和完善相关法律法规和政策体系，加强网络生态治理，深化国际交流合作，更好地为信息化发展护航，促进信息红利的加速释放。

（一）推进信息化法治建设，完善依法监管措施

党中央高度重视信息化法治建设工作。党的十九大报告提出建设中国特色社会主义法治体系和社会主义法治国家，同时提出要为建设网络强国提供有力支撑。习近平总书记多次就信息化法治工作作出重要指示，提出"加快网络立法进程，完善依法监管措施，化解网络风险"。2018 年 4 月，在全国网络安全和信息化工作会议上，习近平总书记明确强调要"确保互联网在法治轨道上健康运行"。习近平总书记关于信息化的重要论述是推进信息化法治建设的根本遵循。

1.国内信息化综合性立法现状

近年来，《国家信息化发展战略纲要》《"十三五"国家信息化规划》等战略规划对信息化立法设定了明确的目标，信息化相关立法逐步开展，初步形成了专门立法和传统立法相结合、涵盖不同层级、覆盖信息化重要领域的法律法规体系。当前我国信息化综合性立法主要在地方层面，已有十余个省（区、市）出台了信息化条例或信息化促进条例（见表4-1），主要涵盖了产业发展、技术推广应用、工程建设、资源开发利用、安全保障等方面，对地方的信息化发展起到了关键作用。

表 4-1　部分省（区、市）信息化综合性立法情况

名称	实施日期
湖南省信息化条例	2004 年 10 月 1 日（2012 年 9 月 1 日实施修订版）
北京市信息化促进条例	2007 年 12 月 1 日
天津市信息化促进条例	2008 年 1 月 1 日
山东省信息化促进条例	2008 年 1 月 1 日（2018 年 9 月 21 日实施修订版）
云南省信息化促进条例	2008 年 6 月 1 日（2015 年 9 月 25 日实施修订版）
河南省信息化条例	2008 年 10 月 1 日
湖北省信息化条例	2009 年 10 月 1 日（2017 年 11 月 29 日实施修订版）
新疆维吾尔自治区信息化促进条例	2009 年 12 月 1 日

名称	实施日期
贵州省信息化条例	2010 年 5 月 1 日 （2018 年 1 月 1 日实施修订版）
浙江省信息化促进条例	2011 年 1 月 1 日
吉林省信息化促进条例	2011 年 5 月 1 日
江苏省信息化条例	2012 年 1 月 1 日
河北省信息化条例	2013 年 1 月 1 日
海南省信息化条例	2013 年 11 月 1 日
广东省信息化促进条例	2014 年 9 月 1 日
安徽省信息化促进条例	2016 年 12 月 1 日

2. 有序推进信息化立法进程

尽管我国信息化相关立法初见成效，但随着信息化的蓬勃发展，社会对于立法工作不断提出更高的要求。信息化立法工作面临一些亟待解决的共性问题，需要各级党委和政府加强顶层设计，有效解决问题。

一方面，缺少统领性的法律，顶层设计有待加强。目前信息化立法重点不够明确，面临着迫切需要立法，但又没有上位法可依的局面。这也造成信息化立法的协调难度较大，相关立法职能交叉问题突出，掣肘了信息化的发展。未来地方信息化立法、信息化相关领域立法的数量增长，可能进一步增加综合立法协调的难度。

另一方面，现有立法内容规范作用有限。现有的立法以地方性法规为主，缺少法律、行政法规级别的立法，尚未形

成能够对国家信息化发展全局进行调控的法律体系。对于在核心技术开发与应用、产业振兴、信息基础设施建设等重点领域出现的新问题，现行法律体系仍存在立法空白。从目前各地的信息化综合立法就能看出，内容框架以"促进"为主，而在法律规定中提出的具体有效地促进信息化发展的抓手则较为有限。

我国亟待在信息化综合性立法方面加快步伐，特别是在国家层面进行信息化综合立法工作。有学者指出，一是形成统一的法律体系，调控信息化全局，促进全国"一盘棋"发展；二是解决我国信息化面临两化融合深度发展而产生的问题；三是建立统筹协调的信息化管理体制，确保国家信息化战略规划的落地实施；四是加强国际对话、掌握国际话语权，有助于引领国际大趋势；五是通过法律途径对信息资源进行科学管理，解决我国信息化领域自主创新不足、应用水平不高等问题[36]。

3. 提升信息化执法能力

随着信息化的持续发展，执法环境也在不断发展。目前，在执法实践方面尚存在一些问题，可能影响信息化发展的效果。

一是地域执法权归属问题。在现实社会中，执法权的归属应遵循违法行为发生地或结果发生地的地域执法权限原则。但网络违法行为具有虚拟性和超越时空性，往往不具备实际执法所需的物理空间等特征，且因互联网的超边界性和快速传播性，网络违法行为的危害范围较广，网络违法的行为发生地、结果发生地通常不在同一个区域，这使得原有的地域执法权原则很难应用于网络执法活动。而在我国现有的行政执法体制和机制下，对网络执法过程中所涉及的非单个地域执法权的划分与归属问题，难以照搬现实执法的原则、制度和机制来解决，相应法律法规和执法协调机制等存在不足。而在合作执法中，对地域之间的网络执法权归属问题仍存在争议，网络合作执法效力较为有限。

二是执法对象认定问题。 在现实社会的执法活动中，由于违法主体身份的可辨识特征是真实且有迹可循的，在物理空间相对稳定的情况下，执法对象有相对确定性。而在网络执法活动中，虚拟数字化身份导致确定网络违法主体的现实身份面临困难。虽然部分平台推广的实名制认证可以解决该问题，但随着互联网的不断发展，网络违法行为的形式也会更加多样和复杂，实施违法行为的技术成本和难度可能进一步降低，一般网络用户也可能成为网络违法主体，一定程度上增加了确认执法对象的难度。

三是执法能力问题。 网络执法人员的职业能力、执法团队的人员规模和结构是网络执法有效运行的保障。一方面，网络执法人员在执法过程中必须具备专业知识，能够对网络违法行为进行分析和跟踪，通过获取和鉴别信息证据来认定违法事实。但一些基层执法部门目前仍存在技术人员不足的情况。另一方面，网络执法人员必须具备过硬的法律知识和法治素养，才能避免执法不作为和乱作为。

在目前我国信息化立法还在不断完善的情况下，执法人员的职业素养也有待继续提升。

网络执法的完善和创新需要遵循一定的原则，才能提高网络执法的有效性，具体包括依法治网、立足现实和协同共治 3 个原则。

依法治网原则。 依法治网是依法治国的基本要义，是维护网络环境的根本保障。网络执法部门和执法人员要在形成网络社会基本共识的基础上，坚持法治的价值理念，树立法律的权威；要维持公平正义，彰显网络权利，增强网络用户对法理和执法主体的信任感和认同感，从而整合网上网下的各种资源，调动网民积极协助网络执法；主动公开网络执法的依据、程序等，设立多种途径完善网络执法监督制度，树立执法权威，提高执法效能。

立足现实原则。 在网络执法中，执法机关及执法人员必须紧紧围绕我国仍处于并将长期处于社会主义初级阶段这个基本国情，着眼于客观实际需要，一切从实际出发。同时，相对于传统执法，网络执法首先要遵从网络及网络社会本身所特有的规律，并结合现实社会的核心价值理念来开展网络执法活动。同时，掌握我国网络发展的实际情况，针对网络社会出现的新问题和已有的网络违法犯罪行为开展执法活动。

协同共治原则。 协同共治指的是在网络治理中不是仅由政府单方面开展执法，而是由政府、民间组织、网络企业及网民等多元主体，基于对网络相同的认知价值，遵守相关法律法规、遵循基本的网络社会准则来维护网络社会秩序。网络社会的开放性、高度复杂性和思维多元化等特征，使得协同共治成为网络社会执法有可能形成稳定治理结构的唯一途径。执法机关应积极引导社会其他主体参与，增强与社会其他主体的互动协商。

（二）加强网络生态治理，营造良好发展空间

1. 当前网络生态存在的问题

网络安全面临严峻挑战。 随着信息化的不断深入发展，数据信息持续迅猛增长，数据安全受到威胁成为当前网络空间中最为突出的问题。一是大规模数据泄露事件多发，威胁个人隐私与企业利益。据统计，2018 年全球发生了1100 余起数据泄露事件，一次性泄露 1 亿条以上数据的事件超过 100 起，数据泄露总量高达 50 亿条[37]。数据泄露涉及的行业也有所增多，从政府部门到金融机构，从社交网站到零售平台，数据泄露问题呈现常态化趋势，受波及的个人及企业利益遭到严重的影响。二是大数据分析技术被滥用，对人民生活和政治环境产生影响。目前，政府已经开始意识到数据安全潜藏的政治安全隐患。三是有些西方国家不断推进"数据霸权"的法制化进程，对发展中国家数据主权造成巨大威胁。

当前，区块链、人工智能、5G、量子通信等具有颠覆

性的战略性新技术迅猛发展，云计算、大数据、物联网等基础应用的发展持续深化，数据泄露、高危漏洞、网络攻击、智能犯罪等网络安全问题也呈现出新的变化，"双刃剑"效应逐渐凸显。一是人工智能技术安全隐忧频现。如人工智能的伪造能力带来的辨识问题、智能机器人冲击就业导致的社会管理问题等，均未得到有效解决，如何管控好人工智能技术仍是各国面临的迫切问题。二是服务普遍"云化"潜藏风险。如今数据"上云"已成为趋势，亚马逊、微软、谷歌等科技巨头加紧争夺对全球云市场的控制权。但同时，云计算的分布性、多租户、对服务提供商强依赖等特点，也带来新的安全风险。三是物联网应用的安全风险持续增加。随着全球物联网设备数量的不断增长，物联网成为网络犯罪的主要目标，域名系统（Domain Name System，DNS）攻击、无线路由攻击、僵尸网络等以物联网设备为目标的攻击频频发生。

信息化时代，网络安全生态更为复杂，网络攻击形式翻新。一是针对芯片漏洞的攻击。英特尔架构的芯片在全球有较高的市场占有率，而英特尔芯片暴露出的"熔断"和"幽灵"两大漏洞，给信息安全行业敲响了警钟。二是针对供应链的攻击。这种攻击形式多样，如通过网络链接对供应商的员工进行"钓鱼"攻击获取企业后台登录凭证，引发数据泄露的危机；再如国家之间实施切断关键元器件、原材料的供给，采取"卡脖子"式制裁。

网络文化领域鱼龙混杂。一方面，由于利益驱动，一些网络平台为了提高流量、争取广告，主动迎合部分追逐低俗信息的受众需求，进行低俗内容的制作、传播，形成了网络低俗文化的利益链；另一方面，受全球网络文化发展的影响，西方大众文化、娱乐文化迅速向发展中国家扩散。在此过程中也不可避免地出现我国网民受部分不良内容影响的情况。网络低俗文化严重腐蚀社会风气，误导青年人的世界观、价值观、人生观。"荷尔蒙经济"发酵，一些人依靠低俗、博眼球的演出一夜暴富，干扰了正常的网络秩序，侵犯了正义和道德的底线。

例如，近年来，网络直播、短视频等平台快速发展繁荣的同时，不同程度地存在过度娱乐和低俗化的倾向，一些别有用心的网络主播为了"吸粉"，剑走偏锋，以宣扬暴力、恶搞经典、歪曲历史、涉及色情等方式吸引网民眼球，类似于"直播拼酒""直播跳河""虚假故宫直播"等案例层出不穷，触及网络文明的底线，严重污染了网络空间。再如，近年来嘻哈歌曲及其所代表的"嘻哈文化"在青少年人群中迅速流行。2017 年，热播综艺节目《中国有嘻哈》造就了一批"嘻哈网红"，吸引了舆论的广泛关注。个别歌手演唱的歌曲夹杂教唆青少年违法与侮辱妇女的内容，引发了公众质疑。不少媒体发表批评报道，随即引发该歌手"粉丝"群体的攻击，甚至有个别"粉丝"发表了非常不当的言论，产生了负面的舆论效果。

2. 加强网络生态治理的途径

法律规范途径。 20 世纪 90 年代以来，我国互联网法律制度经历了从无到有、从有到多的发展过程。尤其是 21 世纪以来，随着互联网商业化和市场化程度提高，我国与互联网管理相关的立法活动也呈增加趋势。因篇幅有限，本书仅列举部分关于互联网管理的法律法规，分类以法律法规的立法管辖范围为线索，同时按效力级别进行归类，既可以反映出法律法规文件主要涉及的领域，也有利于直观识别其效力级别。

从立法管辖范围来看，我国互联网管理法律法规主要可分为基础网络管理、网络安全管理、网络业务管理、网络侵权管理、网络违法犯罪管理等若干类别。

基础网络管理立法主要集中在互联网基础设施的建设、网络连接、双边互联互通、基础网络设施及相关资源的管理。网络安全管理立法主要集中于为我国网络信息安全设定一系列规范制度，厘清我国各部门在网络信息安全领域的行政监督管理职能，规范我国网络信息安全领域的重大事项、法律关系及法律权责。网络业务管理立法包括网络信息服务管理立法、网络交易管理立法、互联网金融管理立法等，内容较为繁杂。网络侵权管理立法及网络违法犯罪管理立法则主要打击针对网络活动的各类不法行为。部分有关我国互联网管理的法律、行政法规、部门规章、司法解释及其他规范性文件如表 4-2 所示。

表 4-2　部分有关我国互联网管理的法律、行政法规、部门规章、司法解释及其他规范性文件

涉及领域	层级	名称
基础网络管理	行政法规	中华人民共和国计算机信息网络国际联网管理暂行规定
		中华人民共和国电信条例（2016 年修正本）
		外商投资电信企业管理规定（2016 年修正本）
	部门规章及规范性文件	中国公用计算机互联网国际联网管理办法
		专用网与公用网联网的暂行规定
		电信网间互联争议处理办法
		国际通信出入口局管理办法
		电信服务规范
		公用电信网间互联管理规定（2014 年修正本）
		电信设备进网管理办法（2014 年修正本）
		电信网码号资源管理办法（2014 年修正本）
		电信服务质量监督管理暂行办法（2014 年修正本）
		电信用户申诉处理办法
		电信业务经营许可管理办法
		互联网域名管理办法
		互联网 IP 地址备案管理办法

信息化发展驾驭能力研究

涉及领域	层级	名称
网络安全管理	法律	中华人民共和国网络安全法
		中华人民共和国国家安全法
		中华人民共和国反恐怖主义法（2018 年修正本）
	行政法规	计算机信息网络国际联网安全保护管理办法（2011 年修正本）
		中华人民共和国计算机信息系统安全保护条例（2011 年修正本）
		中华人民共和国保守国家秘密法实施条例
	部门规章及规范性文件	计算机病毒防治管理办法
		互联网安全保护技术措施规定
		通信网络安全防护管理办法
		关于加强国际通信网络架构保护的若干规定
		电信和互联网用户个人信息保护规定
网络信息服务管理	法律	中华人民共和国广告法（2018 年修正本）
	行政法规	互联网信息服务管理办法（2011 年修正本）
		互联网上网服务营业场所管理条例（2016 年修正本）
		地图管理条例
	部门规章及规范性文件	即时通信工具公众信息服务发展管理暂行规定
		互联网用户账号名称管理规定
		互联网信息搜索服务管理规定
		移动互联网应用程序信息服务管理规定
		互联网信息内容管理行政执法程序规定
		互联网论坛社区服务管理规定

涉及领域	层级	名称
网络信息服务管理	部门规章及规范性文件	互联网跟帖评论服务管理规定
		互联网群组信息服务管理规定
		互联网用户公众账号信息服务管理规定
		非经营性互联网信息服务备案管理办法
		互联网电子邮件服务管理办法
		规范互联网信息服务市场秩序若干规定
		电子认证服务管理办法（2015 年修正本）
		通信短信息服务管理规定
		互联网文化管理暂行规定（2017 年修正本）
		网络文化市场执法工作指引（试行）
		网络文化经营单位内容自审管理办法
		互联网新闻信息服务单位约谈工作规定
		互联网新闻信息服务管理规定
		互联网新闻信息服务许可管理实施细则
		互联网直播服务管理规定
		网络表演经营活动管理办法
		专网及定向传播视听节目服务管理规定
		网络出版服务管理规定
		网络游戏管理暂行办法
网络交易管理	法律	中华人民共和国电子签名法（2015 年修正本）
	部门规章及规范性文件	网络交易管理办法
		证券投资基金销售机构通过第三方电子商务平台开展业务管理暂行规定
		互联网药品信息服务管理办法（2017 年修正本）

涉及领域	层级	名称
网络交易管理	部门规章及规范性文件	网络食品安全违法行为查处办法
		互联网销售彩票管理暂行办法
		网络发票管理办法
		关于跨境电子商务零售进出口商品有关监管事宜的公告
		网络预约出租汽车经营服务管理暂行办法
互联网金融管理	法律	中华人民共和国担保法
		中华人民共和国物权法
	部门规章及规范性文件	电子商业汇票业务管理办法
		非银行支付机构网络支付业务管理办法
		关于促进互联网金融健康发展的指导意见
		关于加强支付结算管理防范电信网络新型违法犯罪有关事项的通知
		电子银行业务管理办法
		网络借贷信息中介机构业务活动管理暂行办法
		互联网保险业务监管暂行办法
网络侵权管理	法律	中华人民共和国专利法（2008 年修正本）
		中华人民共和国商标法（2013 年修正本）
		中华人民共和国反不正当竞争法（2017 年修正本）
	行政法规	中华人民共和国著作权法实施条例（2013 年修正本）
		信息网络传播权保护条例（2013 年修正本）
		计算机软件保护条例（2013 年修正本）
		关于加强互联网领域侵权假冒行为治理的意见

涉及领域	层级	名称
网络侵权管理	部门规章及规范性文件	计算机软件著作权登记办法
		互联网著作权行政保护办法
		国家版权局关于规范网盘服务版权秩序的通知
	司法解释及司法文件	最高人民法院关于审理著作权民事纠纷案件适用法律若干问题的解释
		最高人民法院关于审理侵害信息网络传播权民事纠纷案件适用法律若干问题的规定
		最高人民法院关于做好涉及网吧著作权纠纷案件审判工作的通知
		最高人民法院关于审理侵犯专利权纠纷案件应用法律若干问题的解释
		最高人民法院关于审理侵犯专利权纠纷案件应用法律若干问题的解释（二）
网络违法犯罪管理	法律	中华人民共和国刑法
	行政法规	中华人民共和国治安管理处罚法（2012 年修正本）
	司法解释及司法文件	最高人民检察院、公安部关于公安机关管辖的刑事案件立案追诉标准的规定
		最高人民法院关于审理为境外窃取、刺探、收买、非法提供国家秘密、情报案件具体应用法律若干问题的解释
		最高人民法院关于审理危害军事通信刑事案件具体应用法律若干问题的解释
		最高人民法院关于审理黑社会性质组织犯罪的案件具体应用法律若干问题的解释
		最高人民法院、最高人民检察院关于办理组织、利用邪教组织破坏法律实施等刑事案件适用法律若干问题的解释

涉及领域	层级	名称
网络违法犯罪管理	司法解释及司法文件	关于办理暴力恐怖和宗教极端刑事案件适用法律若干问题的意见
		最高人民法院关于审理洗钱等刑事案件具体应用法律若干问题的解释

行政监管途径。中央网信办负责网络安全和信息化领域工作的顶层设计、统筹协调、整体推进,是对网站、论坛、微博、微信、客户端等互联网平台进行监管的主要部门。工业和信息化部对网络运营、接入及安全等方面承担监管职责。公安部在打击网络违法犯罪等方面承担职责。国家新闻出版署对网络游戏、网络文学等方面承担监管职责。国家广播电视总局对网络音视频等方面承担监管职责。

行业自律途径。行业自律手段是指通过行业规范、网站管理条例、社会监督等多重渠道进行的自律与他律相结合的管理方式,是对前两种手段的重要补充。如中国互联网协会出台的《中国互联网行业自律公约》,针对国内所有网络从业者的行为进行规范;《互联网终端安全服务自律公约》针对提供互联网终端安全服务的企业行为进行规范。互联网领域中某些具体行业通过共同制定对本行业更有针对性的行业规范来约束竞争行为,如《互联网企业生活服务类平台服务自律规范》《互联网搜索引擎服务自律公约》等。表 4-3 列举了国内部分较有代表性的互联网相关行业自律公约/规范。

表 4-3 国内部分较有代表性的互联网相关行业自律公约／规范

名称	实施日期
中国互联网行业自律公约	2002 年
互联网新闻信息服务自律公约	2003 年
搜索引擎服务商抵制违法和不良信息自律规范	2004 年
中国网络视听节目服务自律公约	2004 年
中国互联网网络版权自律公约	2005 年
抵制恶意软件自律公约	2006 年
博客服务自律公约	2007 年
反网络病毒自律公约	2009 年
互联网终端软件服务行业自律公约	2011 年
网络支付行业自律公约	2012 年
互联网搜索引擎服务自律公约	2012 年
互联网终端安全服务自律公约	2013 年
中国互联网分享经济服务自律公约	2016 年
互联网企业生活服务类平台服务自律规范	2017 年
互联网招聘行业自律公约	2019 年
互联网婚恋交友行业自律公约	2019 年
线下大数据行业自律公约	2019 年

公众监督与社会教育途径。除上述途径外，政府管理部门还设立了公众举报受理机构，推动更为广泛的社会监督。如中央网信办设立了违法和不良信息举报中心，下设中国互联网联合辟谣平台等；公安部设立了网络违法犯罪举报网站；工业和信息化部委托中国互联网协会设立12321 网络不良与垃圾信息举报受理中心；全国"扫黄打非"

工作小组办公室针对与出版物有关的违法违规行为建立了网上举报途径；中国互联网络信息中心设立了国家域名投诉举报处理平台。公众可以通过上述渠道举报违反法律和法规的网站及信息等。

（三）政策制定不断创新，赋予推进改革动能

2019年第10期的《求是》杂志发表了习近平总书记重要文章《深入理解新发展理念》，文章指出："要着力实施创新驱动发展战略。抓住了创新，就抓住了牵动经济社会发展全局的'牛鼻子'。抓创新就是抓发展，谋创新就是谋未来。"可以说，创新是新发展理念的核心所在，是新阶段经济社会发展的根本路径，也是发展模式转型的基本方向。通过对包括政策体系等在内的制度创新，培育创新的良好氛围，引导社会把发展基点放在创新上，通过创新培育发展新动力，形成未来发展新优势。

1. 助推电子商务模式成长，促进社会经济正向发展

以农业农村电子商务发展为例。近年来电子商务的出现，为做好农村精准扶贫工作打开了新的思路。党的十八大以来，党中央和国务院发布多项政策，为农业农村电子商务发展提供了良好的政策环境，为解决我国发展中存在的深层次问题提供了有效解决方案。

2014年1月，中共中央、国务院印发《关于全面深化农

村改革加快推进农业现代化的若干意见》，强调"加强农产品市场体系建设"。2015 年 2 月，中共中央、国务院印发《关于加大改革创新力度加快农业现代化建设的若干意见》，指出要"创新农产品流通方式"；同年 9 月，当时的农业部同国家发展改革委、商务部共同印发了《推进农业电子商务发展行动计划》，明确了农业电子商务的总体目标和具体任务，提出了 20 项行动计划。

2016 年 5 月，国家发展改革委等 8 个部门共同印发了《"互联网 +"现代农业三年行动实施方案》，出台支持农业电子商务发展的具体扶持政策；同年 11 月，16 个国家部委单位联合印发《关于促进电商精准扶贫的指导意见》，指出"在当地政府的推动下，引导和鼓励第三方电商企业建立电商服务平台，注重农产品上行，促进商品流通，不断提升贫困人口利用电商创业、就业能力，拓宽贫困地区特色优质农副产品销售渠道和贫困人口增收脱贫渠道"。

2017 年，《中共中央　国务院关于深入推进农业供给侧结构性改革　加快培育农业农村发展新动能的若干意见》从多个方面强调"推进农村电商发展"；同年 8 月，商务部联合农业部印发《关于深化农商协作大力发展农产品电子商务的通知》，要求开展农产品电商出村试点和农产品电子商务标准化试点，打造农产品电商供应链；同年 12 月，农业部办公厅在《关于深入实施贫困村"一村一品"产业推进行动的意见》中进一步明确"一村一品"产业推进行动的指导思想、发展目标、主要任务和保障措施。

2018—2019 年，财政部办公厅、商务部办公厅、国务院扶贫办综合司连续两年发布《关于开展电子商务进农村综合示范工作的通知》，推动地方因地制宜，通过中央财政资金引导带动社会资本等形式积极推动农村电商发展。

在政策的鼓励和推动下，电商平台在助力农村地区发展、农业现代化和农民脱贫致富方面贡献了力量。全国电商扶贫工作持续全面推进，2018 年，电子商务进农村综合示范新增覆盖 238 个国家级贫困县，覆盖率达 88.6%。农村电商快速发展，也带动农村网店和就业人数一路飙升。

再以移动支付为例。移动支付是指单位或个人通过移动设备、互联网或近距离传感直接或间接向银行金融机构发送支付指令，进行货币支付与资金转移的行为。这种支付方式将互联网、终端设备、金融机构有效地联合起来，形成了一个新型的支付体系。移动支付手段多种多样，较为常见的包括二维码支付、近场通信（Near Field Communication，NFC）手机钱包支付、摇一摇转账支付、关联账号支付、照片确认支付、语音支付、图像识别支付、超声波识别支付、条码支付等。随着第三方支付平台对业务应用场景的不断扩展延伸，移动支付已经渗透至用户主要的生活场景，移动支付交易频次和总体交易规模呈现高速增长态势。

技术规范层面，2012 年底，中国人民银行发布金融行业移动支付标准，涵盖了应用基础、安全保障、设备、支付应用、联网通用 5 类 35 项标准，并从产品形态、业务模式、联网通用、安全保障等方面明确了系统化的技术要求，覆盖中国金融移动支付各个环节的基础要素、安全要求和实现方案，确立了以"联网通用、安全可信"为目标的技术体系架构。这一时期，移动支付开始在国内出现。2014 年 5 月 1 日，移动支付国家标准正式实施。

政策法律层面，近年来，中国人民银行出台了《非银行支付机构网络支付业务管理办法》等一系列政策，对包括移动支付在内的电子支付的应用场景、服务方式、安全规范等给出了规定。2019 年，《中华人民共和国电子商务法》正式实施，对电子支付给予了明确定位，对因电子支付产生的问题给出了较为创新的规定，明确了电子支付责任。

2. 助推电子政务形式创新，提升企业百姓便利程度

党的十八大以来，党中央、国务院围绕电子政务建设和发展，发布了多项重要政策，为电子政务发展提供了良好的政策环境。这些政策指明了我国电子政务发展蓝图，包括电子政务的发展形式、应用场景、技术支撑和安全保障等，也成为指导我国政务信息化建设和构建一体化政务治理体系的重要支撑。

2014 年，浙江省以政府权力清单、责任清单、负面清单、省级部门专项资金管理清单，以及政务服务网建设的"四张清单一张网"为抓手，持续推进数据共享和信息化技术发展，打通"信息孤岛"。2016 年底，"最多跑一次"改革在浙江

省被首次提出。浙江省先后下发两批《省级公共数据共享清单》，向各级政府机关、行政服务中心先行开放数十个省级部门、3700 余个公共数据项的共享权限，让数据真正"跑"起来，形成"最多跑一次"事项在线归档、保存、移交、利用的长效机制。同时，全面推广在线咨询、网上申请、快递送达办理模式，利用互联网向群众提供网上办事服务，换来群众和企业少跑腿甚至不跑腿。

2018 年 6 月，国务院办公厅印发了《进一步深化"互联网＋政务服务"推进政务服务"一网、一门、一次"改革实施方案》，其中对"最多跑一次"改革在全国的推广和落实进行了具体的部署。

近年来，多省陆续推出政务服务事项办理类 App。如浙江省的"浙里办"App，提供 300 多项便民应用，包括社保、公积金、医疗、交通出行等主要业务。2019 年，浙江省自建政务 App 基本完成整合迁移工作，将办事功能全面迁至"浙里办"App，真正实现百姓掌上办事"一个端口，一掌办通"。截至 2019 年 6 月，"浙里办"App 下载量超过 2300 万次，用户注册量超过 2600 万人。"浙里办"App 作为浙江省政务服务事项办理的唯一手机客户端，背后是全省数据的共享支撑。截至 2018 年底，仅省市两级共享平台累计为全省 1500 余个政府单位提供 1.7 亿次数据调用，是 2017 年的 15.3 倍。广东省的"粤省事"移动政务服务平台于 2018 年 5 月上线，平台集成了 600 多项政务服务事项，涉及驾驶证、行驶证、出入境证件、残疾人证、出生证和居住证等十大证件服务，社保、住房公积金服务，残疾人、外来务工人员、老年人等几大特殊群体专门服务等。截至 2019 年 12 月 31 日，"粤省事"实名注册用户增至 2511.6 万户，业务办理量突破 4.4 亿次，日均访问量超过 1500 万次。平均每 4 个广东人就有 1 人在使用"粤省事"[38]。

政策的积极出台不仅提升了东部省份政府工作的效果，更为中西部省份带来了加速发展的良机。2019 年 2 月，云南省成立了政务服务管理局、数字经济局、"云上云"中心等机构，推进"数字云南"建设。特别是数字经济局被赋予了智库职责，以新思维组建工作机构，统筹做好全省数字经济发展工作。2019 年 7 月，云南省成立了数字经济开发区，并启动数字经济产业发展基金。随着一系列政策文件的发布，"数字云南"总体框架基本形成。"一部手机游云南""一部手机办事通""一部手机云品荟"等项目建成运营，逐渐形成"一部手机"系列品牌。

云南省的"一部手机办事通"App 于 2019 年 1 月上线，实现了"省、州市、县（市、区）、乡镇（街道）、村（社区）"五级联通、一网通办。"一部手机办事通"平台由 7 个子系统构成，其中政务服务门户系统是"互联网＋政务服务"的重要前端与载体。政务服务门户系统支持多渠道接入，包括网站、手机 App、微信公众号、自助终端、智慧柜员机、裕农通等，提供适用于省、州市、县（市、区）各级政府"一站式服务"功能需求的政务服务门户系统版本，实现各维度政务一站办理、进度一站查询、信息一站获取、缴费一站完

成等功能，支持个性化定制。"一部手机办事通"首批上线153 个事项，其中 66 个办理类事项，占比达 43%，在全国同类型的 App 中处于领先地位。云南"一部手机办事通"聚焦"好用"的目标，优化办理流程，减少审批要件，提升要件复用率和审批效率，力争让群众、企业办事像"网购"一样方便，让办事更简便。

从行政审批形式化的"一站式"体制创新到"最多跑一次"的全面深化改革，地方政府治理体系和治理能力现代化在不断推进。短期来看，"最多跑一次"提升了政府便民服务、商事登记和企业投资审批项目等业务的办事效率；长远来看，"最多跑一次"以事项为载体，刺激了跨部门的流程优化，促使各部门限制使用行政权力，在推动简政放权、规范行政权力行使等方面成效显著，初步显现出推动经济社会体制全面深化改革的撬动效应。中共中央、国务院近年来发布的部分有关电子政务的政策文件如表 4-4 所示。

表 4-4 中共中央、国务院近年来发布的部分有关电子政务的政策文件

发布时间	名称
2013 年	国务院办公厅关于进一步加强政府信息公开回应社会关切提升政府公信力的意见
2014 年	国务院办公厅关于加强和规范政府信息公开情况统计报送工作的通知
	国务院办公厅关于做好全国人大代表建议和全国政协委员提案办理结果公开工作的通知
	关于加强政府网站信息内容建设的意见

发布时间	名称
2015 年	关于运用大数据加强对市场主体服务和监管的若干意见
	关于积极推进"互联网+"行动的指导意见
	促进大数据发展行动纲要
2016 年	关于全面推进政务公开工作的意见
	国家信息化发展战略纲要
	政务信息资源共享管理暂行办法
	关于加快推进"互联网+政务服务"工作的指导意见
	《关于全面推进政务公开工作的意见》实施细则
	"互联网+政务服务"技术体系建设指南
	推进"互联网+政务服务"开展信息惠民试点实施方案
2017 年	政务信息系统整合共享实施方案
	政府网站发展指引
	关于推进重大建设项目批准和实施领域政府信息公开的意见
	关于推进公共资源配置领域政府信息公开的意见
2018 年	国务院办公厅关于做好政府网站年度报表发布工作的通知
	关于做好政府公报工作的通知
	国务院工作规则
	进一步深化"互联网+政务服务"推进政务服务"一网、一门、一次"改革实施方案
	国务院关于加快推进全国一体化在线政务服务平台建设的指导意见

发布时间	名称
2018 年	国务院办公厅关于加强政府网站域名管理的通知
	政府网站集约化试点工作方案
	国务院办公厅关于推进政务新媒体健康有序发展的意见
2019 年	关于推进基层整合审批服务执法力量的实施意见
	国务院办公厅秘书局关于印发政府网站与政务新媒体检查指标、监管工作年度考核指标的通知
	国务院关于在线政务服务的若干规定

（四）深化国际交流合作，构建网络空间命运共同体

当前互联网已成为人类的共同家园，日益推动全球社会成为"你中有我、我中有你"的命运共同体。在 2015 年 12 月举办的第二届世界互联网大会上，国家主席习近平所倡导的坚持尊重网络主权原则、推动构建网络空间命运共同体的理念，赢得了世界绝大多数国家的赞同，并逐渐成为业界共识。构建网络空间命运共同体，需要各国摒弃零和博弈、赢者通吃的旧观念，坚持同舟共济、互信互利的新理念，共同推进互联网领域开放合作，共同构建和平、安全、开放、合作的网络空间，建立多边、民主、透明的国际互联网治理体系，让更多国家和人民搭乘信息时代的快车，共享互联网发展红利。

同时也要清醒地认识到，我国的发展依然受到国际霸权主义的干涉和封锁围堵，我们既需要苦练内功，提高自主能力，也需要坚持合作共赢，扩大国际交流合作。要坚持践行习近平总书记提出的"国家利益在哪里，信息化就覆盖到哪里"，重点围绕"一带一路"建设，加强网络互联、促进信息互通，加快网络空间命运共同体的构建步伐；善于利用国内国际两个市场两种资源、网上网下两个空间，以更加积极主动的姿态参与全球治理，不断提升国际影响力和话语权。

2017年3月，外交部和国家网信办共同发布指导我国参与网络空间国际交流与合作的战略性文件《网络空间国际合作战略》。这是我国就网络问题第一次发布国际战略，以此全面宣示我国的网络领域对外政策理念，系统阐释我国参与网络空间国际合作的基本原则、战略目标和行动计划，为破解全球网络空间治理难题贡献中国方案。

1. 持续深化国际交流与合作，扩大朋友圈

当前，网络空间国际交流与合作已是大势所趋。2015年5月，中国与俄罗斯签署了《国际信息安全保障领域政府间合作协议》，为两国在国际信息安全领域深化合作提供了法律和机制保障。2015年9月，应时任美国总统奥巴马邀请，国家主席习近平对美国进行国事访问。访问期间，中美两国达成广泛共识并取得一系列重要成果，其中最受舆论关注的当数中美在网络议题方面的突破性进展。同年12月，首次中美打击网络犯罪及相关事项高级别联合对话在美国华盛顿举行，中美双方达成《中美打击网络犯罪及相关事项指导原则》，决定建立热线机制以沟通各类案件。这反映出交流合作仍是

当前国际网络空间发展的主流，即使在大国博弈加码、国际政治纷纭复杂的背景下，网络空间的国际交流与合作也在逐步加强，并受到越来越多国家的重视和认同。

党的十八大以来，我国积极开展层次不同、形式多样的网络空间国际交流与合作，推动国际社会共同应对网络安全面临的挑战，共同维护网络空间的公平正义，共同分享全球信息革命的机遇和成果。网络空间国际交流与合作不断深化，不断取得丰硕成果。在联合国、二十国集团（G20）、金砖国家、亚太经济合作组织（Asia-Pacific Economic Cooperation，APEC）、上海合作组织（The Shanghai Cooperation Organisation，SCO）等国际框架和多边机制内的协调配合加强，有力推进了信息化领域国际互信对话机制的建设进程。截至2019年底，我国已成功举办或联合有关国家举办了六届世界互联网大会、八届中美互联网论坛、七届中英互联网圆桌会议、三届网上丝绸之路大会，以及多次中国 - 东盟信息港论坛、中国 - 新加坡互联网论坛、中德互联网产业圆桌会议、中韩信息通信主管部门网络安全会议等。

除了建立完善的对话合作机制，我国还不断拓展网络空间国际交流与合作的内涵，推动世界各国共同搭乘互联网和数字经济发展的快车。例如，我国作为2016年G20峰会的主席国，在会上推动达成《G20数字经济发展与合作倡议》，这是全球首个由多国领导人共同签署的数字经济政策文件。2017年11月，我国积极推动APEC岘港会议制定《互联网和数字经济路线图》，提出了数字基础设施、电子商务、信息安全、包容性、数据流动等 11 个重点领域，作为指导未来 APEC 互联网和数字经济合作的重要规划。

合则两利，斗则共损。加强网络空间国际交流与合作，不仅是我国建设网络强国的内在需求，也是积极履行大国责任和担当的外在体现。通过一系列多边、双边形式的对话合作，我国不断扩大国际网络空间的"朋友圈"，广泛传播"和而不同"的网络空间合作理念，为构建网络空间政治、经济、文化、安全领域的国际合作新格局不断贡献中国智慧和中国方案。

2.积极参与国际规则制定，提升话语权

在当前国际形势下，要提升我国在全球治理中的制度性话语权，首先需要做的是争取并提升我国在国际规则制定中的话语权。由于历史原因，现有多数国际规则的制定是由西方国家主导的。我国作为后来者，在国际规则和全球治理方面的话语权还需不断增强。

当前，网络空间已日益发展成为对人类社会和全球治理具有全局性、深远性影响的"第五疆域"。从规则上看，美国政府及企业是目前互联网国际规则和标准的主要制定者，国际社会在互联网治理方面取得的成就相对有限，网络空间的国际规则并不成熟。大国博弈逐渐从"陆海空天"走向网络空间，从有形、有限空间走向虚拟、无限空间。国际互联网发展不平衡、规则不健全、秩序不合理以及围绕网络空间规则制定权和话语权展开竞争的基本态势在较长时期内仍是主旋律。具体到我国，互联网发展虽然起步较晚，但有庞大的网民基数和市场体量作

为后盾，后发优势突出，国际竞争力日益增强。在今后和未来一个时期，以网络空间为重点领域，在国际规则制定中争取更多话语权，并非遥不可及的目标。

增强我国在制定网络空间国际规则中的话语权，网络技术力量是基础、线上运行规则是核心，要将线上运行规则与线下技术力量结合在一起[39]。有策略、有步骤，以更平衡的方式参与引领国际互联网规则和标准的制定。

在线上运行规则方面，一是我国积极参与国际网络空间安全规则的制定。近年来，我国继续积极推动并深入参与联合国框架下的网络安全进程。2011 年，中俄等国向联合国大会第六十六届会议联合提交了"信息安全国际行为准则"。2015 年，中国及上海合作组织其他成员国向联合国大会共同提交了新版"信息安全国际行为准则"，推动了信息和网络空间国际规则的制定进程。二是我国巩固和发展区域标准化合作机制，积极争取国际标准化组织的重要职位，推动一批优秀的中国企业家和专家走向国际舞台。近年来，国际标准化组织、国际电信联盟、国际电工委员会等权威的国际组织陆续迎来了张晓刚、赵厚麟、舒印彪等一批中国专家担任最高职务，不仅有利于我国积极参与国际标准化活动的战略、政策和规则制定，也意味着我国在国际标准化领域将扮演越来越重要的角色。三是主动出击，深度参与互联网治理规则和技术标准的制定。我国积极参与和推进互联网名称与数字地址分配机构（The Internet Corporation for Assigned Names and Numbers， ICANN）国际化改革，妥善利用新的 ICANN

治理框架争取更多的治网话语权。同时，我国还参加了因特网工程任务组等国际互联网技术和管理机构的活动。

在技术力量方面，则要通过提升技术硬实力，超前布局前沿技术，以领先身位带动国际标准的制定。要在第五代移动通信（5G）、基于IPv6的下一代互联网、下一代广播电视网、云计算、大数据、物联网、智能制造、智慧城市、网络安全等关键技术和重要领域，积极参与国际标准制定。以移动通信为例，我国在全球发展队列中成功实现了从2G跟随、3G突破、4G同步到5G引领的大逆袭。2016年11月，华为公司主推的Polar Code（极化码）方案被国际无线标准化机构3GPP确定为5G增强移动宽带（enhanced Mobile Broadband, eMBB）场景的控制信道编码方案，这是中国公司首次进入基础通信框架协议领域。同时还要鼓励我国企业、科研机构、社会组织和个人积极加入重大核心技术的国际组织，从参与者升级为重要贡献者，在优势技术领域争当发起者、引领者，积极维护我国相关标准专利在国际组织中的权益。

3. 持续拓展国际发展空间，共享新红利

伴随着改革开放事业的深入推进，特别是实施"走出去"战略、加入世界贸易组织（The World Trade Organization, WTO）和提出"一带一路"倡议以来，我国在全球发展空间不断拓展。同时，在国家战略发展的指导思想下，我国网信产业加快践行"走出去"战略，增强在全球范围配置信息、技术、人才、资金的能力，网络发展国际空间不断扩展。自

2015 年第二届世界互联网大会上我国正式提出建设"数字丝绸之路"以来，至 2018 年 12 月，我国与捷克、古巴、哈萨克斯坦等 16 个国家签署了"数字丝绸之路"建设合作谅解备忘录，与阿联酋等 7 个国家共同发起了《"一带一路"数字经济国际合作倡议》等多边机制，从而深化在通信、基础设施、电子商务、智慧城市等领域的合作发展。我国与"一带一路"沿线国家互联互通的水平大幅提升，建有 34 条跨境陆缆和多条国际海缆，联通世界各地。我国还与国际电信联盟等国际组织合作，努力推进东非信息高速公路、亚太信息高速公路等多边合作倡议。目前，"一带一路"空间信息走廊服务能力基本形成，为我国企业"走出去"及"一带一路"沿线 30 多个国家和地区提供空间信息服务[40]。

伴随着"一带一路"等对外重大战略的推进，国内大批优秀网信企业积极走出国门，在信息通信基础设施以及大数据、跨境电商、智慧城市等新兴产业领域，将高质量的信息产品和技术服务推向全球，有力促进了多国信息化发展。其中，中国信息通信企业参与了全球 170 多个国家的信息通信基础设施建设，为共建"一带一路"、建设网上丝绸之路提供了良好的基础设施等硬件条件。在网络基础设施建设领域，全球前七大光纤光缆企业中，中国企业占据 5 席。市场研究公司 Dell'Oro Group 研究显示，在全球电信设备供应商中，华为的市场份额位居榜首[41]。在跨境电子商务方面，截至 2019 年，阿里巴巴跨境电商平台已覆盖 220 余个国家和地区，微信、支付宝等移动支付业务覆盖国外多个机场和百货商店[42]，菜鸟物流已建成覆盖全球 220 余个国家和地区的智慧物流网络[43]；2019 年，全球 230 余个国家和地区用户通过全球在线交易平台"速卖通"参与了"双十一"购物日，该平台成为中国制造、中国品牌走向世界的新渠道。但与"国家利益在哪里，信息化就覆盖到哪里"的要求相比，我国网信事业拓展国际空间还有很长的路要走。特别是信息通信基础设施建设，在我国全球战略布局中需要充当"先头部队"，发挥基础和支撑作用。下一步需要重点围绕推进"一带一路"倡议下的网络和信息化建设，统筹规划海底光缆和跨境陆地光缆建设，提高我国与沿线国家的互联互通水平，打通网上丝绸之路；加快推动我国与周边国家信息基础设施互联互通，打通经中亚到西亚、经南亚到印度洋、经俄罗斯到中东欧国家的陆上通道，积极推进美洲、欧洲、非洲等方向的海底光缆建设，铺就信息畅通之路；加快合作建设中国 - 中亚信息平台、中国 - 东盟信息港、中阿网上丝绸之路；加强统筹规划我国全球网络设施建设，支持中国企业拓展海外业务与节点布局，提升我国在全球网络中的存在感和影响力，让更多国家和人民共享互联网带来的发展机遇和红利。

4. 深度参与网络国际治理，共建新秩序

网络空间是全球治理的新兴领域，作为全人类共有的资源和财富，应当由世界各国共同治理，才能最终实现构建网络空间命运共同体。随着互联网的快速发展和持续普及，世界网络空间面临的安全与治理问题日益凸显，成为全球治理的重要议题，也是各国面临的共同难题。一方面，全球范围内，

侵害个人隐私、侵犯知识产权、网络犯罪等时有发生，网络监听、网络攻击、网络恐怖主义活动等成为全球公害；另一方面，强国与弱国的信息鸿沟持续拉大，西方技术强国把持网络空间治理话语权，导致现有网络空间治理规则难以反映全球大多数国家及人民的意愿和利益。

2018年11月，国家主席习近平在给第五届世界互联网大会的贺信中指出，"世界各国虽然国情不同、互联网发展阶段不同、面临的现实挑战不同，但推动数字经济发展的愿望相同、应对网络安全挑战的利益相同、加强网络空间治理的需求相同。各国应深化务实合作，以共进为动力、以共赢为目标，走出一条互信共治之路，让网络空间命运共同体更具生机活力"。国际互联网空间的治理必须走互信共治之路，这也是我国参与全球网络空间治理必须面对的课题。充分利用自身条件，在平等、开放和创新等原则下参与全球网络空间治理体系变革，推动全球互联网治理体系向着更加公正合理的方向迈进，既是建设网络强国的必然要求，也是身为大国应主动担负的责任。

近年来，我国参与网络空间国际治理并取得显著成效。我国积极参与联合国等国际组织的网络空间治理进程和双边、多边论坛，在2015年全球互联网治理联盟首次会议上为国际社会应对网络安全威胁建言献策，与70多个国家和地区建立了网络安全执法合作机制，推动双边、多边交流合作。

未来，我国参与国际网络空间治理还需快马加鞭。首先，要旗帜鲜明地坚持尊重网络主权、维护和平安全、促进开放合作、构建良好秩序的原则；坚持多边参与、多方参与，发挥政府、国际组织、互联网企业、技术社群、民间机构、公民个人等各种主体的作用；既要推动联合国框架内的网络治理，也要更好地发挥各类非国家行为体的积极作用。其次，要深耕细作，不断将世界互联网大会打造成重要的发声平台，广泛传播我国的治网主张，赢得国际社会的更多认同。最后，要加强国际网络空间执法合作，推动制定网络空间国际反恐公约，健全打击网络犯罪司法协助机制，共同防范和反对利用网络空间进行商业窃密、黑客攻击、恐怖主义活动。

二、增强信息化发展能力

当前，加快信息化发展、建设数字国家已经成为全球共识。《"十三五"国家信息化规划》提到，"十三五"时期是信息化引领全面创新、构筑国家竞争新优势的重要战略机遇期，是我国从网络大国迈向网络强国、成长为全球互联网引领者的关键窗口期，是信息技术从跟跑并跑到并跑领跑、抢占战略制高点的激烈竞逐期，也是信息化与经济社会深度融合、新旧动能充分释放的协同进发期。可以说，我国信息化发展正面临着"四期叠加"的形势。这要求我们必须认清大势、找准方向、抬高视野、精谋方略，主动顺应和引领新一轮信息革命浪潮，瞄准信息化发展中的难点痛点，下大力气补齐核心技术短板、摆脱受制于人的局面，夯实信息基础设施基石、提升普遍服务能力，开发信息资源宝藏、释放数字红利，

优化人才队伍、提升全民信息素养，站在新的历史起点上，不断增强信息化发展能力，加快网络强国建设进程。

（一）发展核心技术体系，切实做强信息产业

1.当前部分领域核心技术受制于人，信息产业大而不强

2018年以来，我国高科技企业陆续成为美国政府封锁、压制中国信息产业的靶子，多家企业被美国加入出口管制的"实体名单"。

我国信息化发展过程中核心技术受制于人的痛点也使国内社会更加清醒地认识到，核心技术一日不立，切肤之痛一日难除。我国在信息产业等领域的核心技术和关键设备严重依赖进口的现状，凸显了"缺芯少魂"的严峻性和残酷性。《2017年中国集成电路产业现状分析》报告显示，截至2016年，我国集成电路产业结构与需求之间失配，国产芯片在核心集成电路领域的占有率低，国产芯片在计算机、通用电子系统等领域的占有率几近为零。海关总署2019年1月公布的全国进口/出口重点商品量值表显示，2018年全年，我国进口集成电路4176亿个，同比增长10.8%，总金额高达3120.58亿美元，同比增长19.8%，占我国进口总额的14.6%左右。海关总署披露的历年数据显示，2014—2017年，我国集成电路年进口额分别为2176亿美元、2299亿美元、2270亿美元及2601亿美元，2018年则首次突破3000亿美元。

核心技术受制于人，也直接映射出我国信息产业"大而不强"的尴尬局面。中国工程院院士倪光南指出，当前我国信息产业总体水平位居全球第二，紧排在美国之后，但我国的信息产业发展不够均衡，在新一代技术及相关应用方面，差距并不大，但在核心技术及其产业生态等方面还远未达到世界第二的水平[44]。还有业内人士以"竹马经济"形容我国当前电子信息产业发展现状。"竹马经济"是日本在经济振兴时形容自身的说法，意思是就像舞狮一样，场面看上去很红火、热闹，但实际依靠竹子做的腿来支撑，经济整体并不牢靠。一定程度上，我国电子信息产业也有类似的特点[45]。

党的十八大以来，习近平总书记曾在多个场合强调掌握核心技术的重要性。如在2014年6月举行的中国科学院第十七次院士大会、中国工程院第十二次院士大会上，习近平总书记强调，"只有把核心技术掌握在自己手中，才能真正掌握竞争和发展的主动权，才能从根本上保障国家经济安全、国防安全和其他安全"。在2016年4月召开的网络安全和信息化工作座谈会上，习近平总书记表示："互联网核心技术是我们最大的'命门'，核心技术受制于人是我们最大的隐患。一个互联网企业即便规模再大、市值再高，如果核心元器件严重依赖外国，供应链的'命门'掌握在别人手里，那就好比在别人的墙基上砌房子，再大再漂亮也可能经不起风雨，甚至会不堪一击。"

认清差距之大，但也不必妄自菲薄，被"卡脖子"之"危"

或也意味着产业之"机"。必须下定决心、保持恒心、找准重心，加速推动信息领域核心技术突破，做大做强信息产业，让身板更硬，让"粮仓"更满，只有如此才能化解被"卡脖子"之危、被"断粮"之忧。

2. 树立体系思维，布局先进技术

在全球日益激烈的竞争态势下，一个国家的信息技术和产业，若只是"一枝独秀"，则"风必摧之"，只有集群作战，发挥抱团优势，才能长盛不衰。2018年4月，在全国网络安全和信息化工作会议上，习近平总书记明确指出了构建先进技术和产业体系的重要性。他强调，要抓产业体系建设，在技术、产业、政策上共同发力。要遵循技术发展规律，做好体系化技术布局，优中选优、重点突破。

《国家信息化发展战略纲要》指出，构建先进技术体系，要以体系化思维弥补单点弱势，打造国际先进、安全可控的核心技术体系，带动集成电路、基础软件、核心元器件等薄弱环节实现根本性突破。积极争取并巩固新一代移动通信、下一代互联网等领域全球领先地位，着力构筑移动互联网、云计算、大数据、物联网等领域的优势。

中国工程院院士倪光南指出，目前全球信息技术的发展呈现出很强的垄断性、体系化和生态化的特征，要想实现核心技术的突破，没有体系化的思路就很难有实质性的进展[46]。树立体系化思维，进行体系化布局，协同推动网信领域核心技术突破，创建前所未有的技术和产业生态系统或集群，是我国摆脱核心技术受制于人局面、实现弯道超车的必由之路。在核心技术体系化创新中，需把握几个关键。一是补齐并强化体制机制的短板弱项。2020年4月，中央全面深化改革委员会第十三次会议指出，要从体制机制上增强科技创新和应急应变能力，加快构建关键核心技术攻关的新型举国体制，补短板、强弱项、堵漏洞，提升科技创新体系化能力；要创新科技成果转化机制，打通产学研创新链、产业链、价值链。二是集中力量办大事，逐步补齐产业发展不可或缺的基础软硬件技术。三是提升前沿布局的眼界与组织水平，抓住由"跟跑并跑"到"并跑领跑"转变的机遇类技术。四是建立工业领域信息技术供给体系，以此带动芯片、通信器件、传感器件等关键技术的发展[47]。

3. 筑基摸高，加强基础和前沿研究

在信息技术领域，基础和前沿研究是引领产业变革的重要力量，是信息化发展、网络强国建设行稳致远的保障。党的十八大以来，我国信息领域核心技术不断实现创新突破，基础研究和前沿技术呈现多点突破、群体跃升态势，在众多领域取得一批具有国际影响力的重大成果，特别是集成电路、操作系统等基础通用技术方面加速追赶，对人工智能、大数据、云计算、物联网等前沿技术加快研究，量子通信、高性能计算等取得了重大突破。

但需要清楚认识到，我国信息技术领域基础研究仍然薄弱，

亟待加大基础科学研究投入。信息技术在我国的发展，最初源于强大的市场驱动力，但基础性、关键性信息技术研发不够充分。今后要在基础科学研究领域加大人力和物力投入，强化基础科学研究的支撑作用，打通基础研究和技术创新衔接的绿色通道，力争以基础研究带动应用技术群体突破[48]。

放眼全球，新一代信息技术创新空前活跃，前沿性技术、颠覆性技术不断涌现，不断催生新技术、新产品、新模式，孕育出新的产业生态体系。这都迫切需要我国加快对战略性前沿技术的布局规划。《"十三五"国家信息化规划》指出，要面向世界科技前沿、国家重大需求和国民经济主要领域，坚持战略导向、前沿导向和安全导向，重点突破信息化领域基础技术、通用技术以及非对称技术，超前布局前沿技术、颠覆性技术。加强量子通信、未来网络、类脑计算、人工智能、全息显示、虚拟现实、大数据认知分析、新型非易失性存储、无人驾驶交通工具、区块链、基因编辑等新技术基础研发和前沿布局，构筑新赛场先发主导优势。加快构建智能穿戴设备、高级机器人、智能汽车等新兴智能终端产业体系和政策环境。鼓励企业开展基础性前沿性创新研究。专家学者建言，应持续加强基础前沿研究，瞄准重大战略需求和未来发展制高点，加强前沿领域研发攻关；围绕具有全局影响力、带动性强的核心技术关键环节，进行重点突破，提升软硬件技术水平[49]。

加强基础和前沿研究，离不开体制机制保障。《国家信息化发展战略纲要》指出，要加快完善基础研究体制机制，强化企业创新主体地位和主导作用，面向信息通信技术领域的基础前沿技术、共性关键技术，加大科技攻关。遵循创新规律，着眼长远发展，超前规划布局，加大投资保障力度，为前沿探索提供长期支持。

4. 统筹协调，打造协同发展产业生态

在 2016 年 7 月举行的第十四届中国企业发展高层论坛上，业内人士指出，当前信息产业已进入全产业链竞争，产业的核心竞争力已从单一技术、单一产品和单一企业转向了平台和生态系统，产业链的统合能力日益成为成败的关键，所以，"十三五"要打造产业的生态体系[50]。如果缺少完善的产业链、价值链和生态系统，上下脱节，左右不通，纵有核心技术也可能无法形成核心优势。

打造协同发展的产业生态，推动产业生态体系协同创新，需要统筹基础研究、技术创新、产业发展与应用部署，加强产业链各环节协调互动，着力消除基础研究和产业化应用之间的断裂或脱节，提高科技创新成果转化率。同时也需要不断提高产品和服务的附加值，加速产业向价值链高端迁移。同时还需要加快新一代信息技术相关标准的制定和专利的布局，完善覆盖知识产权、技术标准、成果转化、测试验证和产业化投资评估等环节的公共服务体系。

在打造协调发展的信息产业生态方面，以华为公司等为代表的珠三角电子信息产业表现突出，其产品的高品质与迭代速度已具备强劲的国际竞争力，并有望在未来几年形成显著的国际优势。珠三角电子信息产业的迅猛发展，一方面得益于背靠

中国庞大消费市场的天然优势；另一方面，也依赖于珠三角完备的供应链。然而，赋予珠三角电子信息产业核心竞争力的远不止核心零部件供应商，还有一批活跃在市场深处、隐藏在供应链背后的前沿技术研究单位、核心零部件研制企业、核心软件开发企业、高端电子装备研发企业等。正是这些企业精湛的技术研发能力、快速的市场响应能力，支撑起珠三角电子信息产业的快速发展。在国家宏观政策的鼓励下，高校、研究院所纷纷走进市场，大力开展产学研合作。各类研究院、研发中心、创新创业中心如雨后春笋，一批接地气的研究成果得以孵化与应用，企业的研发能力得到了空前的释放。市场如一只无形的手，正在整合各方创新力量要素，已然形成涵盖"创新创意产品开发、先进材料与工艺技术研发、核心元器件研制、关键装备研发与核心零部件研制"等在内的创新生态圈，这也正是珠三角电子信息产业高速发展的密码[51]。

5. 培育壮大龙头企业，激发中小微企业活力

企业是引领信息产业高质量发展的主体力量，实现信息化高质量发展既需要龙头企业的"顶天立地"，也需要中小微企业的"铺天盖地"。专家建言，既要壮大龙头企业资本实力和经营能力，提升其国际化经营和产业链带动能力，同时也要支持中小微企业创新，培育具有专业特长的"小巨人"，形成大中小微企业各自发挥专长的协作体系，以产业链协同占据国际竞争制高点[52]。

培育、壮大一批国际影响力大、竞争力强的龙头企业，

一直是我国信息产业孜孜以求的发展目标。近年来，我国信息产业持续平稳快速发展，产业规模迅速扩大，企业实力显著增强，华为、阿里巴巴、腾讯、中兴等行业龙头跻身国际领军企业行列，同时也涌现出一批以大疆等为代表的引领行业、创新发展的独角兽企业。下一步，规划引导和政策扶持力度有待持续发力，促进优势资源整合，努力为培育壮大龙头企业、增强企业核心竞争力营造更加有利的发展环境。特别是要支持龙头企业发挥引领带动作用，联合高校和科研机构成立开源技术研发团队，打造研发中心、技术产业联盟；探索成立核心技术研发投资公司，打通技术产业化的高效转化通道。同时，深化上市发行审核制度改革，引导和鼓励创新型企业在境内上市，改变当前大量优质上市资源特别是互联网企业"远走海外"的局面。还要鼓励企业加快"走出去"的步伐，在海外开拓市场，设立研发机构，有效利用全球资源，提升国际化发展水平。

中小微企业是国民经济和社会发展的重要力量。国家发展改革委数据显示，截至 2017 年 12 月底，中小微企业占我国企业数量的 99%，完成了 70% 以上的发明专利，提供了80% 以上的新增就业岗位，缴纳了 50% 以上的税收，创造了60% 以上的国内生产总值[53]。同时中小微企业还具有"船小好调头"的特点，与大型企业相比运作机制灵活、市场反应迅速、富有创新精神，已成为我国技术创新的主要力量，在网络强国和制造强国建设中的重要作用进一步凸显。当前各地政府纷纷把发展中小微企业列为重要发展战略，在重视

引进龙头企业的同时，也花更多功夫培育和支持本地中小微企业的发展，特别是鼓励科技型中小企业积极向高精尖方向发展。

放眼国际，美国、日本、德国等国家中小微企业群体高度发达和活跃。这些国家高度重视中小微企业的创新能力建设，并探索出一套行之有效的政策来提升中小微企业的创新力。与之相比，我国目前仍存在影响中小微企业创新发展的不利因素，包括外部创新环境不够优化和内在创新能力不足等。当前，以下几个方面亟待提升。一是加大对科技型创新企业的研发支持力度，进一步发挥国家中小企业发展基金、科技型中小企业技术创新基金等政策性基金的引导扶持作用，落实好税费减免政策，在信用担保、融资上市、政府购买服务等方面予以大力支持。二是完善技术交易和企业孵化机制，构建普惠性创新支持政策体系。三是完善中小企业公共服务平台网络，鼓励行业龙头企业、高等院校、科研院所等向全社会提供专业化创新创业服务，共助中小微企业和创业者成长。四是持续深化"新三板"市场改革，完善和充分发挥其服务中小微企业特别是创新型、创业型、成长型企业的功能。五是继续推动各地小微企业创业创新基地建设，培育一批示范带动作用强的国家小微企业创业创新示范基地。

（二）夯实信息基础设施，提升普遍服务能力

泛在先进的信息基础设施是信息化发展的基石，在国家信息化发展中的战略性、基础性和先导性作用日益突出，也

是我国实施创新驱动战略、助力大众创业万众创新、培育发展新动能、改善和扩大民生福祉的关键平台和重要载体。

习近平总书记曾在多个重大场合就信息基础设施之于网络强国建设的重要性作出深刻论述。在 2014 年 2 月中央网络安全和信息化领导小组第一次会议上，习近平总书记强调，"要有良好的信息基础设施，形成实力雄厚的信息经济"。在 2015 年第二届世界互联网大会上，他强调，"只有加强信息基础设施建设，铺就信息畅通之路，不断缩小不同国家、地区、人群间的信息鸿沟，才能让信息资源充分涌流"。2016 年 4 月，在网络安全和信息化工作座谈会上，习近平总书记进一步强调，"我们要加强信息基础设施建设，强化信息资源深度整合，打通经济社会发展的信息'大动脉'"。2016 年 10 月，在十八届中央政治局第三十六次集体学习时，习近平总书记对网络强国建设提出了六个"加快"的要求，并强调"要加大投入，加强信息基础设施建设"。

当前，新一代信息基础设施正在全球加速部署。各国纷纷出台政策，支持信息基础设施建设，超前部署高速宽带网络；增强空间基础设施和国际网络拓展能力，打造全球覆盖、空天地一体网络；加大普遍服务支持力度，致力于覆盖、惠及所有国民；加快提升网络基础设施和应用基础设施智能化水平。我国应迎头赶上，牢牢把握全球最新发展态势，加快新一代信息基础设施建设，构筑信息化发展和网络强国建设的强大基石。

1.我国信息基础设施建设尚有较大的提升空间

要完成信息化驱动现代化和建设网络强国的目标，我国信息基础设施仍然薄弱，有很大的建设和提升空间。主要表现在以下几个方面。

一是网络能力和普及水平与发达国家的差距仍然明显。与日韩等国相比，我国的宽带实际上网速率特别是人均国际出口带宽仍处于落后位置。国际通信以海底光缆通信为主，截至 2019 年，全球已经建设了 400 多条海底光缆通信系统，但是在中国登陆的却只有 10 条。相比之下，在美国、新加坡、日本等国家登陆的海底光缆数量是中国的 2~8 倍，人均国际出口带宽是中国的数十倍。其中，作为东南亚信息通信技术中心的新加坡，人均带宽更是中国的 262 倍[54]。

二是信息基础设施空间立体布局有待充实。地面宽带基础设施发展较快的同时，海洋、天空、太空立体覆盖的国家信息基础设施体系尚未形成，国际通信网络布局尚不能完全满足"一带一路"发展的需求。

三是信息基础设施区域和城乡差距比较明显。贫困地区和农村地区信息基础设施建设滞后，针对留守儿童、残障人士等特殊人群的信息服务供给薄弱，数字鸿沟存在继续扩大的风险。

四是信息基础设施的布局和管理有待优化提升。在我国早期的信息基础设施建设过程中，普遍存在着缺乏顶层设计导致的设施布局不合理、覆盖不均、部门行业条块分割、重复建设等突出问题，制约着信息基础设施发挥更大的效能。

2. 强化统筹规划，完善基础设施布局

建设新一代国家信息基础设施，需要统筹协调、科学谋划、整合资源、超前布局。

一是持续深化电信业改革，鼓励多种资本参与到信息基础设施建设中来。继续深化电信体制改革，加快向民间资本开放基础电信业务步伐。修订《电信建设管理办法》，进一步放宽信息基础设施建设行政审批要求。借助市场力量和新兴商业模式搭建开放服务平台，大力推广政府和社会资本合作（Public-Private Partnership，PPP）模式，通过特许经营、投资补助、运营补贴等方式，拉动民间资本进入公共服务领域。

二是推进信息基础设施互联互通和共建共享，优化资源配置，实现集约化建设。推进电信网、广播电视网和互联网"三网融合"，加快基站、光缆等电信基础设施的统一规划，统一建设，充分利用现有信息基础设施，创新共建共享合作模式，推动网络资源高效利用。以中国铁塔公司为例，自 2014 年成立到 2019 年，中国铁塔的新建共享率从 14% 上升到 80%，相当于累计减少铁塔重复建设 70 万座，为我国通信行业节约了上千亿元的投资成本[55]。

三是协调频谱资源配置，科学规划无线电频谱，提升资源利用效率。无线电频谱资源是构建新一代信息基础设施的基础资源，也是国家宝贵的战略资源，当前面临着结构性紧缺、

供需矛盾日益突出的局面，亟待推进频谱资源管理精细化、科学化发展。应从国家大局出发，统筹协调各部门各行业对无线电频谱资源的需求，特别是要有效满足"互联网+""宽带中国"等国家重大战略部署中的频谱需求。加快5G系统等重点频率规划和许可进度，加强工业互联网、车联网、物联网的频谱需求研究及支撑能力。

四是加强信息基础设施与城乡规划建设的衔接。 坚持规划先行，各地应将信息基础设施建设纳入城乡建设控制性详细规划，并与土地利用、环境保护、市政基础设施等相关规划做好衔接，统筹安排空间布局和建设时序。在规划公路、铁路、地铁、机场及其他大型场所时，要同步规划信息基础设施及相关配套设施，预留站址、机房、电源、管道和天面（编者注：建筑术语，指建筑物最上面的屋面）等空间。

五是支持港澳地区完善信息基础设施布局。 推动港澳地区信息基础设施建设和信息经济发展，发挥港澳地区在推进"一带一路"建设中的重要作用。同时以粤港澳大湾区建设为契机，推进三地信息基础设施互联互通和信息资源集成共享，建设国际信息网络核心节点[56]。

3.打造天地一体化信息网络，增强空间设施能力

天地一体化信息网络作为国家信息化重要基础设施，对拓展国家利益、维护国家安全、保障国计民生、促进经济发展具有重大意义，是我国信息网络实现信息全球覆盖、宽带传输、军民融合、自由互联的必由之路[57]。建设天地一体

化信息网络，就是要通过一系列重大工程建设，达到空中、地面、海洋连成一张网，实现"国家利益在哪里，信息化就覆盖到哪里"的目标。当前，天地一体化信息网络已被列入《国家"十三五"规划纲要》以及《"十三五"国家科技创新规划》，是"科技创新 2030——重大项目"中首批启动的重大工程项目之一。

近两年，我国加快构建天地一体化信息网络，特别是加快布局天基信息设施。我国首颗高通量通信卫星实践十三号于 2017 年 4 月成功发射并于 2018 年 1 月在轨交付投入使用，标志着我国卫星通信进入高通量时代。2017 年 9 月，世界首条量子保密通信干线"京沪干线"正式开通。结合"京沪干线"与"墨子号"量子卫星的天地链路，我国已构建出天地一体化广域量子通信网络雏形。2018 年 5 月，我国成功发射探月工程嫦娥四号任务"鹊桥"号中继卫星，这是世界首颗运行于地月拉格朗日 L2 点的通信卫星，作为数据中转站，它能够实时地把在月球背面着陆的嫦娥四号探测器发出的科学数据第一时间传回地球，具有重要的科学与工程意义。2018 年 10 月，我国首台空间路由器发射升空，为天地一体化信息网络系统建设奠定坚实基础。2018 年我国还全面启动了"鸿雁星座"工程建设，首颗试验卫星于 2018 年 12 月在酒泉卫星发射中心发射成功并进入预定轨道。特别值得一提的是，我国用 20 多年时间建成了世界上第 3 个独立运行、自主可控的全球卫星导航系统——北斗卫星导航系统。2018 年底，北斗三号基本系统建成，提前两年为全球用户提供服务；2019

年底，北斗三号核心星座部署完成；2020 年，北斗三号全球组网发射任务收官，将全面开启"全球时代"[58]。

但总体上看，我国天地一体化信息网络仍呈现"天弱地强"的格局，空间设施能力有待持续强化。具体建设方向主要有以下几个方面：一是围绕通信、导航、遥感等应用卫星领域，建立持续稳定、安全可控的国家空间基础设施，科学规划和利用卫星频率和轨道资源；二是建立完善的国家网络空间基础设施统筹协调机制，整合基于卫星的天基网络、基于海底光缆的海洋网络和传统的陆地网络，实施天基组网、地网跨代，推动空间与地面设施互联互通，增强接入服务能力；三是统筹北斗卫星导航系统建设和应用，推进以"中国北斗时空服务"为主体的智能信息产业发展；充分利用与"一带一路"沿线相关国家的战略合作机遇，将北斗导航系统打造成我国又一张"走出去"的"国家名片"；四是加强陆地、大气、海洋遥感监测，不断拓展"海洋""风云""遥感""高分"系列卫星的应用空间和场景，不断提升对我国资源生态、环境保护、应急减灾、民众消费以及全球观测的服务保障能力。

4. 优化升级宽带网络，增强网络供给能力

当前，宽带网络正在全球范围内推动着新一轮信息化发展浪潮。作为国家战略性公共基础设施，宽带网络对推动我国经济高质量发展、全面建成小康社会具有重要支撑作用。党中央、国务院一直高度重视宽带事业发展。2013 年以来，"宽带中国""提速降费"等一系列重大战略和政策举措相继实施，

我国信息网络演进升级和普及应用的步伐显著加快。宽带网络实现了跨越式发展，网络供给能力显著增强，固定宽带网络全面迈入光纤时代，移动通信网络建设实现后发赶超并保持全球领先，提前完成"十三五"确定的宽带发展目标。

根据国务院 2013 年 8 月印发的《"宽带中国"战略及实施方案》所提出的规划，当前我国宽带网络建设正处于优化升级阶段（2016—2020 年），重点推进宽带网络优化和技术演进升级，宽带网络服务质量、应用水平和宽带产业支撑能力达到世界先进水平。推进宽带网络优化升级，主要从以下几方面推动。

一是持续扩大网络覆盖范围，不断提升网络供给能力。通过加快"百兆级"宽带普及，以及推进"千兆级"城市建设，不断减少移动互联网的覆盖盲区。进一步加大网络提速降费政策实施力度，实现城乡高速宽带全覆盖，显著降低家庭宽带、企业宽带和专线使用费，同时扩大公共场所免费上网范围。

二是进一步优化升级我国互联网顶层架构。持续改善骨干互联网建设，同步提升骨干网传输交换能力和网间互联互通水平，降低结算成本。《"十三五"国家信息化规划》提出 2020 年我国国际出口带宽超过 20 Tbit/s，为实现这一目标，需要持续完善国际通信网络出入口布局，改变当前我国国际出口带宽的建设速度始终低于市场需求增速的现状。把握国际通信环境重要发展窗口期，优化我国海缆政策、资源布局，

优化海缆建设的审批环节、增加登陆点，提早规划对美洲、欧洲、非洲的路由资源。

三是加快下一代互联网大规模部署和商用。2017 年 11 月，中共中央办公厅、国务院办公厅印发《推进互联网协议第六版（IPv6）规模部署行动计划》，提出用 5~10 年时间，形成下一代互联网自主技术体系和产业生态，建成全球最大规模的 IPv6 商业应用网络，实现下一代互联网在经济社会各领域深度融合应用，成为全球下一代互联网发展的重要主导力量。专家学者普遍认为，构建高速率、广普及、全覆盖、智能化的下一代互联网，对于促进我国互联网技术产业生态升级、促进经济社会发展具有重要意义。目前，我国 IPv6 规模部署成效显著，下一步将在突破关键核心技术、提升网络服务能力、促进应用改造升级、加强网络安全保障等方面重点发力[59]。

四是积极开展 5G 的研发、标准制定和产业化布局。当前，我国 5G 研发处在全球领先梯队，在全球 5G 标准必要专利声明中，出自我国企业的占 34%，数量居全球排行榜首位[60]。未来应有序开展 5G 技术研发试验和规模试验，补齐 5G 芯片、高频器件等产业短板；加强 5G 与云计算、大数据、人工智能等技术的融合创新，开发更多基础性、前沿性技术创新成果；推动 5G 与实体经济深度融合，支持工业互联网、车联网等应用突破，推进 5G 在公共服务领域应用；深入开展全球 5G 合作，共同打造开放融合的 5G 产业生态。

5. 提高普遍服务水平，消弭数字鸿沟

当前我国还存在部分"老少边穷"地区（编者注：指革命老区、少数民族地区、边疆地区和穷困地区），由于地理环境复杂、人口居住分散、经济基础薄弱等因素，通信网络的建设、维护成本远高于收益，仅靠市场机制难以发挥作用。在这种情况下，通过国家提供补偿资金、企业内部交叉补贴等多种方式，让任何人在任何地点都能以承担得起的价格享受电信业务，这就是电信普遍服务。电信普遍服务是以人民为中心的发展思想的具体体现，是消除数字鸿沟的关键环节，也是城乡人民共享数字中国福祉的重要基础。正如习近平总书记2016年4月在网络安全和信息化工作座谈会上所强调的，"要适应人民期待和需求，加快信息化服务普及，降低应用成本，为老百姓提供用得上、用得起、用得好的信息服务，让亿万人民在共享互联网发展成果上有更多获得感"。党的十九大明确把精准脱贫作为决胜全面建成小康社会必须打赢的三大攻坚战之一，在我国实施乡村振兴战略的大背景下，亟待持续深化电信普遍服务，进一步发挥网络扶贫在精准脱贫中的重要作用。

近年来，我国始终把信息化扶贫作为重点，推进电信普遍服务，落实通信脱贫攻坚工程，让越来越多"老少边穷"地区百姓搭上信息化时代的快车，走上脱贫致富道路。有着"悬崖村"之称的四川省凉山州昭觉县阿土勒尔村，以前该村与外界的联系仅靠一条沿悬崖陡壁垂直而下800多米长的山路，村民接收手机短信和打电话要"满山找信号"。2017

年 3 月，习近平总书记在参加十二届全国人大五次会议四川代表团审议时，就特别表达了对"悬崖村"的关切。2016 年以来，通信运营商为村里开通"百兆级"光纤宽带、4G 网络以及 IPTV 4K 超高清电视，并引进"千里眼""云视讯"等信息化项目，不仅丰富了村民的文化生活，也为"悬崖村"打通了脱贫道路。2019 年"双十一"，村民们网购了热水器、洗衣机、棉被、衣服等商品。2020 年 5 月，村民搬进了县城的新家，未来"悬崖村"还将进行旅游开发。"悬崖村"的今昔对比，正是我国推进电信普遍服务众多案例中的一个典型样本。

但深化电信普遍服务还有不少"硬骨头"待啃，还要持续加大工作力度。

首先是通过多元化接入技术组合，分类推进农村网络覆盖。经济条件发达、信息基础设施完备的地区优先推进光纤到村。边远地区、林牧区、海岛等区域可因地制宜，采用移动蜂窝、卫星通信等多种方式实现覆盖。至于居住分散、位置偏远、地理条件恶劣的"老少边穷"地区，可结合人口搬迁、集中安置等方式实现网络接入。

其次，持续完善电信普遍服务补偿机制，建立和完善支持农村和中西部地区宽带网络发展的长效机制，为社会困难群体使用网络创造条件。积极落实国家有关提速降费的指导意见，鼓励通信运营商制定符合农村消费水平和习惯的资费套餐。持续加大网络精准扶贫工作力度，支持基础电信企业对建档立卡贫困户开展精准降费，帮助贫困群众利用互联网走上脱贫致富道路，充分享受互联网发展带来的红利。

最后是普及重点网络应用，发展适合"三农"特点的信息技术、产品、应用和服务。加快物联网、地理信息、智能设备等现代信息技术与农村生产生活的全面深度融合，深化农业农村大数据创新应用，带动智慧农业、智慧旅游等新模式蓬勃发展，增加农民收入，助力精准扶贫、精准脱贫。同时推广远程教育、远程医疗、金融服务进村等信息服务，促进公共服务均等化，改善农民生活。

（三）深入开发信息资源，充分释放数字红利

信息资源是指人类社会信息活动中积累起来的、以信息为核心的各类信息活动要素（信息技术、设备、设施、信息生产者等）的集合[61]。与物质资源、能源资源相比，信息资源是无限的、可再生的、可共享的、可存储积累的。信息资源既可以创造产业价值，也可以与传统产业融合，改造升级传统产业，优化资源配置，从而减少对物质资源和能量资源的损耗。进入信息社会后，尤其是在当前互联网发展日新月异的背景下，信息作为战略资产、资源和生产要素的地位日益突出。无论是宏观层面的国家经济社会的发展进步，还是微观层面的个人日常生活与工作，离开信息资源都寸步难行。特别是对国家而言，拥有信息资源意味着获得发展机遇和抢占战略制高点。哪个国家能拥有更丰富的信息资源并有

效开发利用，哪个国家就能对内创造经济社会发展的奇迹，对外获得国际竞争优势。

党的十八大以来，党和国家对信息资源日益重视，大力推动信息资源的开发利用工作，信息资源已逐渐成为业界、学界讨论和研究的热门话题。信息资源日益成为重要生产要素和社会财富，信息掌握的多寡成为国家软实力和竞争力的重要标志；我们要强化信息资源的深度整合，打通经济社会发展的信息"大动脉"。在认识信息资源、开发信息资源方面，我们应该认识到以下问题。

1. 当前信息资源开发利用不足，无序滥用现象较为突出

从数量的角度来讲，我国是名副其实的信息资源大国，已成为世界上产生和积累数据量最大、数据类型最丰富的国家之一。业内预计，2020 年我国的数据总量将占全球数据总量的 20%，届时我国将成为世界第一数据资源大国和全球的数据中心[62]。

但与西方发达国家相比，我国还算不上信息资源强国。主要原因在于当前我国信息资源开发利用不足与无序滥用问题较为突出，导致数字红利尚没有得到充分释放，出现"守着金山银山过苦日子"的窘境。突出表现在以下几点。

一是我国信息资源集中程度虽高，但开放程度较低。当前，我国信息数据资源 80% 以上掌握在各级政府部门手里，处于

"养在深闺人未识"的状态。近年来，在《关于推进公共信息资源开放的若干意见》《政务信息系统整合共享实施方案》等政策文件的推动下，各级政府加快了数据开放共享的步伐，不断推动数字经济发展，惠民成绩单也很亮眼。但仍有不少基础性、关键性数据"犹抱琵琶半遮面"，共享开放程度较为有限。

二是信息资源开发利用整体水平低，并且地区间差异大。研究显示，我国信息资源开发利用整体水平较低，地区之间的发展鸿沟加大，部分省（区、市）在信息化建设中还存在着重视硬件设备和基础设施的普及化建设、忽视内容资源的开发利用，以及过度依赖不可再生资源、对信息资源的开发利用程度不够等问题。

三是信息资源无序滥用现象较为突出。这一问题在个人信息领域的表现较为明显。近年来，在政府部门一系列重拳打击下，电信网络诈骗犯罪的势头得到有力遏制。但由于保护个人信息的法律法规仍不够健全、企业对数据的管理使用不规范、网络黑客攻击活动仍然活跃、电信网络诈骗"黑科技"不断升级换代、互联网"黑色产业链"更趋隐蔽化，等等，大规模的个人信息泄露事件仍时有发生，个人信息资源被违规使用的风险仍然较高，亟待政府紧跟新形势、新特点，完善法规制度，升级监管手段，动员网络平台和全社会共同参与，形成综合治理体系。

2. 要加强规划建设，做大信息资源宝库

做好信息资源的规划、建设和管理，是进行开发利用的基础性、前提性工作。特别是面对我国信息资源开发利用不足和无序滥用现象并存的现状，更是需要做好统筹规划和建设管理。在当前和今后一个时期，需要着力强化的地方主要有以下几处。

一是强化国家基础信息资源的统筹规划和分类管理，增强关键信息资源掌控能力。 近年来，我国数据资源体系建设成效明显，基础数据资源建设取得重要成果，建成了国家人口、企业法人、自然资源等基础数据库。政务信息共享取得重要进展，基本建成国家数据共享交换平台体系[63]。下一步还要全面建成法律法规、宏观经济、金融、信用、文化、统计、科技等方面的基础信息数据库，以及加快生态环境信息资源目录、智慧水利大数据中心、"国土资源云""中国科技云"等的建设。基础信息资源具有基准性、稳定性、共享需求普遍等特点，其建设是一个持续推进的过程，需要构建完善的信息动态更新机制，创新运营管理模式，以有效提升数据质量，充分发掘其利用价值。

二是统筹规划建设国家互联网大数据平台，提升信息质量与应用水平。 合理规划布局国家互联网大数据平台，按照"逻辑统一、物理分散"原则，建设覆盖全国、连接畅通的数据中心。制定统一的建设标准和技术规范，依托现有基础，整体规划布局，防止重复建设。依托安全可靠的通信网络，汇聚政府部门、电信运营商、互联网企业、各地区数据中心、大数据交易所、专业机构等渠道平台的数据，构建汇聚网民、企业和政府 3 类数据的大数据资源中心，提高收集信息的及时性、全面性和准确性。

三是改革创新部门业务系统的建设运营模式，逐步实现业务应用与数据管理分离。让数据资源从业务系统建设中"分离"出来，超越应用独立存在，可以实现业务逻辑的持续优化和数据的持续沉淀，既能增强系统应用运行的稳定性和扩展性，亦能确保数据资源的一致性和安全性。

四是加快推进离岸数据中心建设，建立、壮大全球互联网信息资源库。当前经济全球化发展方兴未艾，全球产业转移浪潮从制造业扩大到服务业，外包成为服务业全球化发展的重要趋势。近年来全球数据中心建设从欧美向亚洲市场转移的趋势非常明显，主要转向我国以及日本、新加坡、印度、马来西亚等地。在此背景下，国内部分地方政府提出建设离岸数据中心的构想，来承接国际服务外包业务转移，加快地方经济转型、推进产业结构调整。如重庆早在 2010 年即提出打造全国最大的离岸数据处理中心；福建省政府于 2011 年致函工业和信息化部，请求同意在福州市平潭县建设国家级离岸数据中心，以加快平潭服务外包产业发展，建设两岸服务外包合作示范区；广东省广州市南沙区也提出探索建设离岸数据中心，拟打造粤港澳大湾区国际数据合作试验区。此外，业内人士也建言将海南省建设成为东半球的"万国离岸数据中心"及"数字丝绸之路"的核心枢纽[64]。

除了在国内加大离岸数据中心建设布局之外，在"一带一路"倡议带动下，中国企业出海加速，越来越多的企业需要作为基础设施的数据中心、云计算服务配套。2018年7月，中国移动国际有限公司在新加坡开工建设数据中心，这是该企业在亚洲开建的第二个大型离岸数据中心。腾讯、阿里巴巴等国内互联网巨头近年来也加快海外数据中心布局，为"走出去"的中资企业和海外企业拓展全球业务提供云服务。

3. 要提高资源利用水平，培育壮大信息市场

在当前形势和条件下，提高我国信息资源利用水平，还需从加大公共信息资源开放共享力度、培育信息资源市场、推进公共信息资源增值开发利用等方面综合发力。

首先是持续深化改革，着力解决信息资源共享开放难题。不断建立完善公共信息资源开放目录，构建统一规范、互联互通、安全可控的国家数据开放体系，积极稳妥推进公共信息资源开放共享。加快推进政府信息资源整合，推动信息资源跨部门跨层级互通和协同共享，打通信息壁垒。对于推进公共信息资源开放的模式，当前海南、广东深圳等地政府部门已出台相关管理办法，探索实行公共信息资源共享负面清单制度，要求除列入负面清单的公共信息资源之外，各单位应无条件地与其他单位共享信息。除"负面清单"模式之外，学界和业界还提出"增量开放""基于数据清单的协商"等多种模式，推动公共信息资源开放共享，提高政府透明度和公信力，促进政府、企业、公众多方协作，使社会各方形成

基于公共信息资源创新创业的多赢局面。

其次是大力培育和发展信息资源市场，扩大和升级信息消费。 近年来，我国信息消费呈现出蓬勃发展态势，信息消费规模持续上涨。2018年我国信息消费市场规模继续扩大，信息消费的规模约5万亿元，同比增长11%，占GDP比例提升至6%[65]；2019年信息消费延续快速增长态势，在推动经济发展质量变革、效率变革、动力变革中发挥着更为重要的作用[66]；2018年7月，工业和信息化部、国家发展改革委联合印发的《扩大和升级信息消费三年行动计划（2018—2020年）》指出，到2020年，我国信息消费规模有望达到6万亿元，年均增长11%以上。业内人士指出，随着新一代信息通信技术与经济社会各领域的深度融合，信息消费已经成为创新最活跃、增长最迅猛、辐射最广泛的新兴消费领域之一。但与发达国家相比，当前我国的信息消费水平还不高，信息资源市场还有巨大的发展潜力。必须花大力气加强信息资源市场内在机制的完善和外部环境的营造，持续优化供求机制、价格机制、竞争机制等，培育信息资源市场发展壮大。

最后是科学引导和规范公共信息资源增值开发利用，支持市场主体开展业务创新。 所谓增值利用，是指公共部门信息资源在履行公共服务的基本功能外，通过授权或许可由公共部门以外的力量进行深度研发，产生增值效应，向社会提供服务。这种增值利用既可以是商业性的，也可以是公益性的[67]。引导信息资源的增值开发利用，有利于挖掘公共信息资源的经济社会效益，促进产业转型和民生改善。要建立

完善政府指导、企业主导的公共信息资源增值开发利用机制，从成本控制、定价策略、高附加值产品开发等角度积极探索完善增值开发利用方法策略。政府减少对公共信息资源增值开发利用的限制，降低市场准入门槛，同时加强市场监管和法制保障，鼓励和支持企业对公共信息资源进行开发利用，鼓励中小微企业参与，促进公共信息资源社会化开发利用市场蓬勃健康发展。

4. 要建章立制，完善信息资源管理体系

提高信息资源利用水平，杜绝各类无序滥用现象，需要筑牢制度围栏，通过强化数据资源管理，建立健全国家数据资源管理体制机制，建立信息资源开放共享、产权保护、隐私保护等相关政策法规和标准体系。

一是创新和维护信息资源利用秩序，探索建立信息资产权益保护制度。既要保持信息数据的自由流动性，又要维护每个主体在信息数据上的权益。积极推进数据权益相关立法，明晰各相关主体与数据之间的责任、权利、义务和风险。完善数据资产登记、定价、交易和知识产权保护等制度，探索培育数据交易市场。

二是明确并严格落实信息资源管理职责。对信息资源实施分级分类管理，形成重点信息资源全过程管理体系。对政务数据资源，按照"谁主管谁负责，谁使用谁负责"的原则，落实政务数据主管部门和政务部门的管理责任。

三是加强数据信息采集管理和标准制定，规范数据采集行为，推动数据应汇尽汇。对各类组织机构的数据采集与归集行为进行规范，有效管控不同部门重复采集信息、过度采集数据和侵害个人隐私的各类行为。建立数据信息采集、管理、交换、体系架构、评估认证等制度，加强信息资源目录管理、整合管理、质量管理、安全管理，提高信息资源准确性、可靠性和可用性。

四是依法加强对国家秘密、个人隐私、企业商业秘密等的保护力度，确保国家信息安全。依法积极稳妥制定政务公开"负面清单"，将涉及国家秘密、商业秘密、个人隐私，以及公开后危及国家安全、经济安全、公共安全、社会稳定等方面的事项纳入"负面清单"。同时，在信息资源开发利用过程中，必须遵循合法、客观、及时、安全等原则，保障自然人、法人和其他组织的合法权益，不得泄露国家秘密，不得侵犯商业秘密和个人隐私。

五是强化信息资源跨境流动管理。当前信息数据跨境流动活跃，安全风险日益凸显，已成为各国普遍关注的问题。美国、欧盟等均积极出台相关制度，加大跨境数据流动管控。我国亟待在《网络安全法》实施的基础上，完善信息数据跨境流动管理机制，既能推动有利于促进国际交流合作的信息资源的跨境流动，又能阻止攸关国家安全、经济发展以及社会公共利益的重要数据向境外流失，避免对国家安全造成不良影响。

（四）改善人才队伍结构，培育全民信息素养

21 世纪是信息化时代，人才是最稀缺也最珍贵的资源。国家、企业之间的竞争，归根结底是人才竞争。2016 年 4 月，习近平总书记在网络安全和信息化工作座谈会上强调，"得人者兴，失人者崩""聚天下英才而用之，为网信事业发展提供有力人才支撑"。但就目前我国网信事业人才的总体情况来看，还存在数量缺口较大、结构不尽合理等诸多问题，与建设网络强国的目标要求仍有差距。未来亟待实行更加积极、开放、有效的人才政策，完善人才培养、选拔、使用、评价、激励机制，为我国网信事业发展输入源源不断的强劲动能。

1. 人才短板突出，制约我国信息化发展

人才短板首先表现在数量的紧缺。华为公司、中国软件行业协会、信息技术工科产学研联盟 2018 年 8 月联合发布的《中国 ICT 人才生态白皮书》显示，2017 年我国信息技术产业人才总体需求缺口达到 765 万人，到 2020 年将达到 1246 万人，并表现出人才需求数量巨大和人才错位两个显著的特征[68]。

以集成电路产业为例。在被誉为"电子信息产业基石""高端制造业皇冠明珠"的集成电路领域，我国人才储备跟不上行业发展速度，短板十分明显。中国电子信息产业发展研究院、工业和信息化部软件与集成电路促进中心 2018 年 8 月联合发布的《中国集成电路产业人才白皮书（2017—2018）》显示，截至 2017 年底，我国集成电路行业从业人员规模在 40 万人

左右。到 2020 年前后，我国集成电路行业人才需求规模约为 72 万人，人才缺口达到 32 万人[69]。

人才短板还突出表现在结构的不合理上。有专家表示，国产芯片的研发和应用短缺，根本问题在于我国计算机人才培养的"头重脚轻"。计算机专业的大学生普遍不愿意选择偏基础理论的专业，而更倾向于选择偏应用的专业。中国科学院计算技术研究所研究员、"龙芯"处理器负责人胡伟武认为，我国芯片产业人才培养不够平衡，多数人才都集中在技术应用层面，但研究算法、芯片等底层系统的人才太少，"本质上都是在教学生怎么用计算机，而不是教学生怎么造计算机。就像汽车专业教了一堆驾驶员一样"。中国工程院院士、中国计算机学会名誉理事长李国杰认为，人才储备与培养比较薄弱，是我国芯片半导体产业与国际顶尖水平相比仍有明显差距的一个关键因素[70]。

人才流失也是不能被忽视的一个问题。《中国集成电路产业人才白皮书（2017—2018）》显示，在集成电路专业领域的所有毕业生中，仅有 12% 左右的毕业生进入本行业就业，而与集成电路强相关的 4 个专业毕业生进入本行业的比例约为 36% 左右。我国集成电路行业平均月薪为 9120 元，较金融、互联网、计算机软件、IT 服务、通信和房地产等行业还有一定差距，导致集成电路专业领域的高校毕业生大量流失[69]。

电子设计自动化（Electronics Design Automation，EDA）工具厂商新思科技全球资深副总裁暨亚太总裁林荣坚认为，

从全球集成电路产业发展的经验来看，技术、资金与人力资源是集成电路产业发展的三大要素。这3个要素中，又以人的问题为最重要和最难解决的。国家集成电路产业投资基金总裁丁文武认为，"随着国家的重视以及社会各方资本的关注，集成电路发展的资金瓶颈正在得到缓解，技术难关的攻克需要依靠自主创新和技术引进。这两者的解决都需要人来完成，没有相应的技术人才、管理人才以及相应的各种人才是做不成的。人才是发展集成电路产业的关键"[71]。

2. 广发"英雄帖"，聚拢一批领军人才

千军易得，一将难求。推进信息化，特别是发展信息领域核心技术，领军人物是关键。布局千军万马，可以夯实信息化金字塔的基石厚度，而拥有良将帅才，则决定着金字塔的塔尖高度。

在集成电路行业，就有这样一个鲜活的案例。半导体专家梁孟松博士拥有500多个芯片专利，在过去20多年的时间里，先后加盟台积电与三星，为所供职企业带来了行业性的技术突破。2017年10月，梁孟松正式加入芯片制造企业中芯国际，担任联席CEO并主掌研发部门，这被业界称为"对中国半导体行业具有划时代的意义"。2019年2月，中芯国际宣布其第一代14纳米鳍式场效应晶体管（Fin Field-Effect Transistor，FinFET）技术进入客户验证阶段，同时12纳米的工艺开发也取得突破。2019年11月，中芯国际在第三季度财报中透露，第一代FinFET已成功量产，四季度将贡献有意

义的营收；第二代 FinFET 研发稳步推进，客户导入进展顺利，未来该工艺将应用于处理器、车载电子产品和人工智能领域。梁孟松的"跳槽"左右的不仅仅是 3 家企业的芯片研发，也在一定程度上对中韩两国集成电路行业带来了影响，领军人才的重要性可见一斑。

打造国内的领军人才队伍，目前较为现实且可行的主要有两条路径。一是坚持自主培养。充分依托国家重大人才工程，加大对信息化领军人才的支持力度，培养造就一批具备世界先进水平的科学家、网络科技领军人才、卓越工程师、高水平创新团队和信息化管理人才。走好这条路径需要持之以恒，久久为功。二是聚焦信息化前沿方向和关键领域，依托重大人才工程和项目，加快引进领军人才。2016 年 4 月，习近平总书记在网络安全和信息化工作座谈会上指出，"可以探索搞揭榜挂帅，把需要的关键核心技术项目张出榜来，英雄不论出处，谁有本事谁就揭榜"。2020 年政府工作报告在谈到提高科技创新支撑能力时，也提出"实行重点攻关项目'揭榜挂帅'，谁能干就让谁干"。在技术创新领域探索"揭榜挂帅"，就是要在更大范围、更广领域、更高层次上吸引全球高端人才和智力资源，让掌握世界先进知识、擅长和精于技术突破的优秀人才"挂帅"，让"揭榜英雄"拥有充沛的资源去潜心研究、带领创新团队重点攻关，推动我国在核心技术和基础研究上实现关键突破。

与此同时，要让海外的"金凤凰"引得来、干得好、留得住，必须做好"筑巢"工作。《国家信息化发展战略纲要》提

出，"吸引和扶持海外高层次人才回国创新创业，建立海外人才特聘专家制度，对需要引进的特殊人才，降低永久居留权门槛，探索建立技术移民制度，提高我国在全球配置人才资源能力"。这样的策略目前已见成效：一方面，近年来在海外工作的中国科技人才纷纷回国发展；另一方面，我国的科技企业加大力度，以优异薪资待遇从欧洲国家及美日韩等地引进高层次人才。如 2019 年 11 月，中国芯片制造商紫光集团宣布，日本半导体巨头尔必达原社长坂本幸雄出任紫光集团高级副总裁兼日本分公司 CEO，负责在日本招募人才，拓展紫光在日本市场的业务[72]。

3. 建立多层次培养模式，壮大专业人才队伍

补齐当前我国科技和信息化领域的人才短板，亟待围绕高质量的人才培养进行教育改革，完善人才培养的生态体系和公共服务平台。构建以高等教育、职业教育为主体，继续教育为补充的多元化、多层次的信息化专业人才培养模式。

高校是信息化专业人才队伍培养的主阵地，当前亟待改革传统固化的、与市场脱节的人才培养模式，因应产业转型升级和市场需要，瞄准信息技术领域的基础性、前沿性技术。如集成电路、物联网、云计算、人工智能等，调整专业设置，优化课程结构，重视素质和能力的培养。加紧培养一批具有扎实基础的应用信息技术类人才，以及一批具有较强科研创新能力的高层次人才。在学校主阵地之外，要创新"校企融合，产教融通"的人才培养模式，把市场、产业需求和人学生就

业与职业生涯规划两个需求结合起来，着重培养市场紧缺、企业急需的重点领域核心技术人才，解决人才供需结构性失衡的突出问题。可以推广订单式人才培养模式，建立信息化人才培养实训基地，形成人才培养、技术创新、产业发展的良好生态。

同时，还要持续拓展信息技术专业的培养路径。根据信息产业结构调整和产业升级的需要，结合企事业单位对人才知识更新的要求，开展信息产业继续教育工程。鼓励高校利用信息技术变革的契机，适应国家对网络教育培训的政策变化，构建"互联网+继续教育"模式，精心开发包括慕课、微课在内的网络教育资源，推进资源开放和在线教育联盟建设。鼓励企业加大经费投入，设立自己的人才培养部门，根据市场和公司发展需求，对专业技术人员开展针对性的培训。此外，还可以探索与海外高水平机构联合开展人才培养模式。与国外知名高校、跨国企业紧密合作，联合开设教育机构，设立人才培养基地，或是启动人才跨国交流合作项目，培养具有国际前沿视野的信息化人才，从数量上和质量上满足我国发展信息产业的人才需求。

4. 破立并举，完善人才激励机制

与其他诸多行业领域相比，网信事业既是一项全新的事业，也是创新创造最为活跃、技术最密集且更新最快的领域之一。网信领域的人才有其特殊性，以年轻人为主体，流动性高，思维观念活跃，也有很多"不走寻常路"的"怪才""奇才"。

在 2016 年 4 月召开的网络安全和信息化工作座谈会上，习近平总书记强调，"对待特殊人才要有特殊政策，不要求全责备，不要论资排辈，不要都用一把尺子衡量"。总书记强调的"一要三不要"提醒我们，在全新的事业领域，面对特殊的人才群体，要打破以往衡量、评价人才的僵化固化的"旧框框""土规矩"，建立适应网信事业特点、符合网信事业需求的人事、薪酬制度，不拘一格地把优秀人才汇聚到技术部门、研究部门、管理部门中来。

在人才评价和激励方面，要建立适应网信事业特点的人才评价机制，改革人才考核体系，以实际能力为衡量标准，在职称评定、绩效考核等方面，不唱"唯学历、唯论文、唯资历"的陈旧老调，突出专业性、创新性、实用性。通过建立完善灵活的人才激励机制，让贡献突出的人才有成就感、获得感；让创新领军人才充分感受到优待与尊重，彻底激发其创新活力。

在人才发现挖掘方面，要拓宽渠道，支持开展创新创业、实践技能等方面的竞赛活动，善用竞争性机制选拔特殊人才。如 2018 年 9 月在国家网络安全宣传周上，有一项名为"巅峰极客"的网络安全技能挑战赛，吸引了大量网络安全产业从业人员和高校学生的关注和积极参与，也为相关企业和机构提供了发现优秀网络安全人才的平台。

在人才流动方面，要打破僵化的体制框架，建立公平公正的流动机制，让人才能够在政府、企业、智库间顺畅流动，拓宽网信人才的职业发展渠道。可以借鉴国外"旋转门"制度的优点，探索建立一套具有中国特色的网信工作人才流动机制。可以探索"智力置换"模式，通过挂职、兼职、破格升职、借用、合作等多种手段鼓励人才流动，选任"知网""懂网"的人士参与网信管理。

在分配机制方面，要探索网信领域科研成果、知识产权归属、利益分配机制。完善人才入股、技术入股、股权期权等激励方式，在税收方面制定倾斜政策。建立健全科技成果知识产权收益分配机制，加快科技成果使用处置和收益管理改革，扩大股权和分红激励政策的实施范围，提高科研人员特别是主要贡献人员在科技成果转化中的收益比例。最大限度激发人才创造力，吸引、留住优秀人才。让人才的创造活力竞相迸发，聪明才智充分涌流。

5. 提升领导干部素养，培育信息化管理人才

"火车跑得快，全靠车头带。"各级领导干部作为各地区、各部门、各行业带动信息化发展的"车头"，不断提升信息化视野，强化互联网思维，提高对信息化发展的驾驭能力，是建设网络强国的必然要求。应当认识到，当前一些地方和部门的领导干部对信息化的认知不够，对信息化发展的规律把握不足，甚至错误地认为"信息化不产生 GDP，信息化看不见业绩，没有信息化一样现代化"。

当前，需要将机关事业单位作为信息化普及重点，多管齐下提升各级领导干部的信息化素养。例如，全面开展国家

工作人员信息化素养、互联网能力的培训和考核，促使各级党政部门负责人真正重视和推进本部门信息化建设；联合各级党校、行政学院、高校等，针对领导干部、公务员群体，开办有关网络信息技术和数字经济、网络安全和信息化等领域的知识培训。通过多种方式，扭转当前存在的部分党政领导干部信息化素养偏低、信息化技能缺失、网络信息安全意识淡漠的局面，使广大领导干部将认识统一到国家信息化发展战略上来，充分认识到信息化在助力政府更好地履职、促进经济发展、改善民生等方面的重要作用，用创新思维将信息化与本部门、本行业的发展现状相结合，以务实的态度整合已有资源和力量，实现信息化高质量发展，为推进政务信息化，乃至国家治理体系和治理能力现代化奠定基础。

破除政府部门在推进信息化过程中遇到的阻碍，还需要在机制上广开思路。国内部分专家学者提出，可借鉴其他国家的做法，在政府部门建立首席信息官（Chief Information Officer，CIO）制度。首席信息官是指在机构内部全面组织信息资源管理、开发、利用以及信息技术应用、信息化建设等相关事宜的高级管理人员。美国是世界上最早建立首席信息官制度的国家，特别是在奥巴马执政时期尤为重视政府信息技术专家团队的建设。如2009年3月，奥巴马上任伊始便任命当时年仅34岁的维韦克·孔德劳担任美国联邦政府首席信息官。孔德劳拥有马里兰州大学的信息科技硕士学位，曾先后担任弗吉尼亚州商业与科技部助理秘书和哥伦比亚特区首席技术官，是典型的技术与管理双料人才。除了首席信息官之外，奥巴马还曾任命前谷歌资深高管梅根·史密斯为白宫首席技术官（Chief Technical Officer，CTO），以及任命拥有 LinkedIn、eBay 和 Skype 等硅谷公司任职经历的 D.J. 帕蒂尔为白宫首席数据科学家和制定数据策略的副首席技术官。美国舆论普遍认为，首席技术官和首席信息官职位的设定进一步提高了美国政府的电子政务水平，让美国联邦政府全面进入数字化时代。

政府的信息技术专家团队不仅是一个职位，更应该是一套完整的制度体系，将技术和管理有机融合。美国《信息技术管理改革法》详细规定了首席信息官等应当具备的核心能力，特别是既要具有良好的信息素养，又要熟悉政府业务流程，善于沟通和协调，有较强的战略观和全局观等。

国内已有部分地方开始实践政府首席信息官制度。2016年5月，为适应自贸区建设，上海市浦东新区正式启动政府首席信息官试点工作，由一位副区长担任区级首席信息官，并在浦东新区区府办、经信委、环保局、卫计委、市场监管局、建交委、文广局、规土局和城管执法局等9家单位设立部门首席信息官，希望借此突破浦东新区在电子政务建设中面临的瓶颈。2019年2月，云南省召开建设"数字云南"领导小组第一次会议，由副省长兼任领导小组首席技术官。此外，该项制度也在福建、重庆、河南等地的自贸试验区被借鉴运用。

6. 提升国民信息化素养，夯实群众基础

我国推进信息化、建设网络强国，是以人民群众全面参

与、广泛应用为基础的。如果国民缺乏足够的信息化素养，不仅先进的信息技术、便捷的网络应用难以发挥其作用，反而可能导致网络安全风险加剧、网络有害信息无序传播等乱象。为实现信息化效益的最大化，迫切需要提升国民信息化素养。

提高国民信息化素养，需要多方施策，特别是要做好信息化教育的基础工程、源头工作，在这方面教育部门责无旁贷。要把提高信息化素养作为一项长期工作，融入学生各个阶段的学习。通过改善中小学信息化教育环境，提高教师信息化素养，优化课程设计、教材选编、教学方式，将信息化素养纳入学生综合素质评价体系等，为学生上好面向信息化社会的第一课，培养学生对信息技术的兴趣，让学生掌握基本的信息技术知识和技能。积极推动"网络文明进校园""网络安全进校园"等系列主题宣传教育活动，增强青少年信息安全意识、规则意识和责任意识，引导他们树立正确的网络安全和信息化观念。

提高国民信息化素养，需要在全社会广泛开展普及宣传工作。借助报刊、广播、电视等传统媒介渠道和"两微一端"、短视频平台等新媒体渠道，以及在社区、街道开展知识讲堂、有奖答题、情景表演、现场体验等丰富的活动，加强对网络安全和信息化相关国家政策的宣传，对网络安全法律法规的宣讲，对网络信息安全基本知识和技能的传播，提高民众对网络安全和信息化的认知度和认同度。

提高国民信息化素养，广大企业特别是中小微企业是重点。各级政府应不断加大对中小微企业信息化建设的支持力度，鼓励面向中小微企业的信息化服务体系和公共服务平台的建设，提高企业管理层和全体员工的信息安全意识，通过信息化提升企业的创新力、竞争力和抗风险能力。

提高国民信息化素养，还需要大力推进信息扶贫工作。典型的措施包括开办农民信息技能培训班，提高农民依靠信息化致富的能力；推进"互联网＋教育"精准扶贫；面向教育发展落后地区和特殊人群提供公益性数字教育资源服务；提升乡村学校师生信息化素养等。在推进信息扶贫的工作中，还可以积极推进信息扫盲行动计划，充分发挥博士服务团、大学生村干部、大学生志愿服务西部计划、"三支一扶"等项目的作用，为"老少边穷"地区和弱势群体提供知识和技能培训。

三、提高信息化应用水平

近年来，全球新一轮科技革命和产业变革孕育兴起，在我国经济发展进入新常态的时代背景下，大力发展信息经济，拓展经济发展新空间，将信息化贯穿我国现代化进程始终，加快释放信息化发展的巨大潜能，对加快我国经济步入高质量发展阶段具有重要意义。

信息化是经济社会发展的重要支撑和引擎。早在互联网未在我国广泛普及的世纪之交，时任福建省省长的习近平同

志就敏锐认识到信息化建设的重要意义，强调"信息化是当今世界经济和社会发展的大趋势""四个现代化，哪一个也离不开信息化"[73]。随着科学技术水平的不断提升，社会经济的发展越来越受到信息化的影响，信息时代的来临不仅完全改变了人们的生活方式，提升了生产经济的增长效率，也促进了政府职能的进一步优化与转型。

（一）促进信息经济，驱动经济转型

1. 当前信息化在经济领域广泛应用

信息经济在近二十年的发展中已经成为一种新型的经济形态，对经济增长的促进作用仍有很大挖掘空间。例如，将互联网以及云计算技术应用于现代化农业当中，可以为粮食稳定的生产提供良好的保障；将信息技术应用于旅游服务业当中，可以打造数字化旅游服务体系，对服务实现高效率的定制升级；将物联网、人工智能广泛应用于工业、制造业中，可以为工业赋能，有效提升生产效率。信息经济在国民经济总量中的占比不断提高，提升了传统经济模式的竞争力和生产效率，从而有效促进了产业结构的转型升级。

（1）信息化推动工业、制造业高质量发展

当前，信息化思维下的经济形态在不断发生变化，使用信息技术来提升制造业、工业化的生产效率已成为趋势。多个西方大国纷纷将"互联网＋"作为提升本国工业的重要手段和技术力量，并将其上升为国家创新战略的重点发展方向，

如美国政府基于工业和信息产业的全面优势，先后提出"先进制造伙伴计划"和"国家制造创新网络计划"，欧盟提出欧洲"再工业化"战略，德国政府提出"工业4.0"国家计划，法国先后推出"新工业法国"和"新工业法国Ⅱ"，英国政府提出"英国制造2050"等。

对我国而言，大力发展工业、制造业信息化，对推动互联网和实体经济深度融合，建设制造强国具有重大而深远的意义。从广义角度，信息化与工业化融合发展是指二者在时空上的交错重合，是生产领域的信息化过程以及由此带来的经济社会变迁。两化融合方式包括技术融合、产品融合、业务融合与产业融合等，降低交易成本与提高收益是两化融合的动力机制。在融合过程中，工业化是促进信息化发展的前提和载体，没有工业化作为基础，就不会有信息化的快速发展；信息化能快速推动工业化结构的优化升级与经济增长方式转变，是新型工业化道路的主导力量[74]。

信息化带动生产方式变革和劳动生产效率的提高，进一步推动传统产业相互渗透和融合，促进工业结构优化并最终实现工业化。2016年国务院正式发布《国家信息化发展战略纲要》和《"十三五"国家信息化规划》，提出建立"数字中国"的战略要求，要求推进信息化和工业化深度融合，推动工业互联网创新发展。2016年，工业和信息化部编制了《信息化和工业化融合发展规划（2016—2020）》，到2020年，我国信息化和工业化融合发展水平进一步提高，提升制造业创新发展能力的"双创"体系更加健全，支撑融

合发展的基础设施和产业生态日趋完善，制造业数字化、网络化、智能化取得明显进展，新产品、新技术、新模式、新业态不断催生新的增长点，全国两化融合发展指数将达到85，比 2015 年提高约 12，进入两化融合集成提升与创新突破阶段的企业比例达 30%，比 2015 年提高约 15 个百分点。2019 年 9 月，工业互联网高端论坛发布《2018 年度中国信息化与工业化融合发展水平评估报告》显示，2018 年，全国两化融合发展总指数与 2017 年相比增长了 2.00，基础环境、工业应用、应用效益 3 个方面的指数分别增长 3.56、0.51和 3.42，呈现均衡增长态势。2017 年 11 月，国务院印发《关于深化"互联网＋先进制造业"发展工业互联网的指导意见》，将我国工业互联网的发展分为 3 个阶段，发展目标是实现我国工业互联网创新发展能力、技术产业体系以及融合应用等全面达到国际先进水平，综合实力进入世界前列。两化融合既是我国工业转型升级的主线，也是当前业界实施智能制造的主攻方向。

（2）农业信息化建设快速起步

1996 年第一次全国农村经济信息工作会议明确了农村信息化建设的方向，《中华人民共和国国民经济和社会发展第十三个五年规划纲要》提出推进农业信息化建设，加强农业与信息技术融合。《全国农业现代化规划（2016—2020）》《"十三五"国家信息化规划》提出要统筹安排部署农业农村信息化工作。信息化已成为农业现代化的制高点，是经济增长的重要动力之一。

我国农业信息化技术的发展虽然历时不长，但是发展速度和规模却增势明显。农业农村部信息中心 2019 年 4 月发布的《2019 全国县域数字农业农村发展水平评价报告》显示，经综合测算，全国县域数字农业农村发展总体水平为 33%，我国农业农村信息化处于起步阶段。报告显示，县委、县政府对农业农村信息化机构建设比较重视，全国 77.7% 的县（市、区）设立了农业农村信息化管理服务机构，全国县域 2018 年用于农业农村信息化建设的财政投入为 129 亿元，县均投入616 万元。当前我国农业信息化建设已经取得了显著成就，正逐步摆脱"靠天吃饭"的农业模式。

一是农村信息基础设施不断完善。行政村通宽带工作的高效实施，使我国农村网民数量迅速增加。第 45 次《中国互联网络发展状况统计报告》显示，截至 2020 年 3 月，我国农村网民规模为 2.55 亿人，占网民整体的 28.2%，较 2018 年底增长 3308 万人。与此同时，村村通建设持续开展，边远地区的通信项目建设不断推进，农村通信水平得到进一步提升。中央政府带动地方政府启动"户户通"工程，实施优惠政策，广大村民能够免费观看电视节目、收听广播节目，广播、电视等传媒工具覆盖率不断提高。我国农业信息化平台无论是在地方层面还是在国家层面都已经渐成规模。

二是农业信息资源开发、共享能力提升。全国已经成立的"渤海粮仓"大数据平台、国家农业科学数据共享中心、农业科技服务云平台、全国基层农业技术推广体系管理信息系统等农业大数据平台进一步完善了信息资源系统。动植物

疫情疫病防控系统、农村地籍管理信息系统、农村公路信息管理系统等先后得到应用，农村信息系统不断健全，农村农业现代化、科学化水平得到提高。

三是农业信息服务体系逐步完善。 目前全国基本实现了县级以上的农业部门设有农业信息管理机构，以推动信息化进程[75]。各地区根据实际情况，积极拓展信息服务渠道，如青海省 2016 年开通的"青海农业 12316 微信微智平台"，目前已建成支持"语音、短信、视频、网络、广播"等多方式接入，集成"远程诊断、双向可视、技术交流、专业服务"等多功能的农牧业信息化综合服务平台，实现全省全覆盖；2019 年 12 月广西农业全产业链公共服务平台上线，该平台包含电商支撑、农品推介、农资溯源、信用体系等系统，汇总广西重点农产品产前、产中、产后信息，以图表的形式直观展示重点品种的生产、贸易各环节的情况。

与此同时，我国农业信息化也确实存在一些问题，部分地方政府及农民缺乏信息意识、农业信息网络人才匮乏等制约农业信息化的因素仍然存在，高新技术的全面应用仍需要加大推广力度。由于我国农业信息化建设起步较晚，整体层次仍然不高，经济发达地区与欠发达地区的农业信息化水平参差不齐。在欠发达地区，有互联网思维、懂现代信息技术的农民仍是少数，农业信息化还停留在农产品营销层面，农业信息化质量较低。

（3）电子商务新业态不断涌现。

电子商务在各国或不同的领域有不同的定义，但其核心概念是依靠电子设备和互联网技术运行的商业模式，可以理解为在互联网上，以电子交易方式进行商品和服务的交换与买卖。随着电子商务的高速发展，它已不仅仅以购物为主要内涵，还包括了物流配送等附带服务等[76]。

从产业规模来看，我国电子商务交易额快速增长。根据商务部电子商务司测算，2014—2018年，中国电子商务交易额（包括B2B和网络零售）从13.4万亿元人民币增长到31.63万亿元人民币[77]。第45次《中国互联网络发展状况统计报告》显示，截至2020年3月，我国网络购物用户规模达7.1亿人，较2018年底增长1亿人。经过多年发展，目前规模较大的电子商务平台企业，如阿里、腾讯、百度、京东等纷纷开始构建交易、支付、物流等各方面全周期的支持与服务，各大平台与平台商家之间依存越来越紧密，取得了显著的规模效益。

从1995年起，信息发布系统快速成为互联网的主要应用，电子商务获得蓬勃发展。相较于国外，我国的电子商务起步比较晚，但是拥有庞大的消费群体以及迅速发展的先进互联网技术，尤其是近年来我国互联网企业和技术迅速迭代，电子商务发展具备强大的后备动力。当前，我国的电子商务呈现以下几个特点。

一是线上线下融合不断深化。一方面，线上企业加速布局线下。阿里巴巴收购银泰等传统企业，京东、当当、聚美优品等纷纷开设实体店。另一方面，线下企业主动拥抱互联网。例如永辉与百佳中国、腾讯组建新合营公司"百佳永辉"，宝钢集团联合旗下上市公司宝钢股份成立电商公司等，探索

商业模式转型升级。线上线下正从渠道、供应链、数据、场景等多方面逐步打通，为消费者提供全方位、不间断、跨时空的服务，打造零售新生态。

二是新业态新模式层出不穷。租车、租房、租设备等分享经济以及众创、众包、第四方物流等协同经济新业态日益凸显，"打破边界、互为联通、共建共享"正成为电商发展的新趋势。

三是农村电商的发展蒸蒸日上。商务部在 2019 年 2 月发布的数据显示，2018 年全国农村网络零售额达到 1.37 万亿元，同比增长 30.4%；全国农产品网络零售额达到 2305 亿元，同比增长 33.8%。农村电商迅猛发展，开辟了农产品上行新通道。

四是跨境电商的发展如火如荼。近年来，我国电商持续出海，海外商品也通过电商渠道快速进入中国市场。2019 年 11 月，南京大学长江产业经济研究院、光明日报光明智库、光明网联合发布《2019 中国进口发展报告》称，在 2000—2018 年，中国的跨境电商交易规模从 500 亿元上升至 9 万亿元，跨境电商交易规模占总贸易额的比重从 1.27% 上升至 29.5%。随着我国消费者购买力的提升，个性化、高品质的消费需求凸显，海外留学、海外旅游、海外文化输入等都为新一代"海淘"创造了环境。

2. 信息化驱动经济转型升级呈现的新趋势

信息化在我国经济社会转型升级中的驱动作用日益明

显，国家相继发布信息化战略、规划，进一步明确了信息化发展的顶层设计。2016 年 12 月，国务院印发《"十三五"国家信息化规划》，明确了 2016—2020 年我国信息化发展的方向和路径。各地结合需求和优势纷纷制定信息化发展"十三五"规划。当前，信息化正成为驱动我国经济发展的重要力量。

（1）对产业结构产生重大而深远的影响

党的十九大报告指出，我国经济已由高速增长阶段转向高质量发展阶段，正处在转变发展方式、优化经济结构、转换增长动力的攻关期，建设现代化经济体系是跨越关口的迫切要求和我国发展的战略目标。如何进一步推动产业结构转型，加快构建实体经济、科技创新、现代金融、人力资源协同发展的产业体系，是当前和今后一个时期推动我国经济高质量发展面临的一个重要任务。应用信息技术有效提高了资源综合利用率，提高了劳动生产效率。信息化带动工业化，促进产业结构的调整与升级，是提高我国国际竞争力、实现跨越式发展的必由之路。信息化对产业结构优化的影响主要包括以下几点。

一是信息化对传统产业结构升级的带动作用。改革开放以来，我国的产业结构发生了明显的变化。根据国家统计局发布的数据，2018 年，第三产业增加值为 49 万亿元，第一产业增加值占国内生产总值增加值的比重为 7.0%，第二产业增加值的比重为 39.7%，第三产业增加值的比重为 53.3%。从

第一产业的发展历程来看，技术、信息对于提升以农业为主的第一产业生产效率具有巨大推动作用。第二产业的信息化实质是经济增长方式向集约型和系统化转变。第三产业是信息技术应用最密集、实现高产出和高附加值空间最广阔的产业领域，传统第三产业与信息服务业紧密结合，才能创造最大效益。

二是信息化通过对劳动生产率与市场竞争力的提升促进产业优化。 信息化可以通过提高资源利用效率、增强生产管理的科学性、减少污染物排放、推动生产要素供给转移、消费需求转移等促进产业结构优化[78]。此外，信息化水平的提升对低技能劳动者有明显的挤出效应，并带来了中、高技能劳动力需求的上升，推动劳动力技能结构升级，从而促进劳动生产率以及资本生产率的提高。

三是信息化对高新技术产业的促进作用。 信息化对于产业结构的调整主要表现在增加高新技术产业的比重，减小传统产业的比重。按照通常的产业分类法，科技产业本身就是第三产业中的一个分支，信息产业的发展可以带动一批高新技术产业的发展，不管是新兴服务业、新能源产业、新材料工业还是生物产业、节能环保、高端装备制造业等，都需要信息产业作为其应用开发的突破口。

（2）新业态、新模式的涌现促进信息消费生态加速形成

信息消费目前已成为创新最活跃、增长最迅速、辐射范

围最广的经济领域之一。随着移动互联网、云计算、大数据、人工智能等新技术在市场经济各领域中不断融合，信息消费正从 1.0 阶段加速向 2.0 阶段跃迁，即从"信息的消费"转向"信息＋消费"，新型智能硬件、虚拟现实解决方案等产品层出不穷，移动支付、共享经济等新模式新业态开始引领全球潮流[79]。线上线下的融合日益深入。近年来，越来越多的企业布局移动互联网产业，以统一平台集成多种服务资源，打造线上线下全链条全场景消费，以移动智能终端为服务渠道的信息消费新生态将加速形成。例如，汽车企业与通信设备企业合作，一同打造车联网平台，让汽车成为一个移动智能终端；电视机厂商将数字电视作为服务终端，在后端建立平台运营音乐、影视、游戏等多种内容，构建数字内容服务生态；智能穿戴设备前端拓宽数据采集渠道，后端打造运动社交平台和个人健康云，提供个性化健康管理方案。

（3）共享经济模式创新引领未来经济发展趋势

共享经济一般是指以获得一定报酬为主要目的，在陌生人之间进行且存在物品使用权暂时转移的一种新的经济模式。它的主要特点是，使用权和所有权分离，使用权不具有排他性，如共享汽车、共享单车等。2017 年，共享经济进入爆发年，以共享单车为代表，共享汽车、共享充电宝、共享行李寄存柜、共享雨伞等诸多共享模式一夜之间纷纷涌现。特别是共享单车行业的业务短时间内就遍布全国，行业领头企业摩拜的估值两年内就达到了 100 亿元。近几年，共享经济模式加速向生产制造领域渗透，推动闲置生产能力的在线交易、协同，

共享和分享成为制造业变革的核心走向[80]，例如国内装备制造业领军企业的沈阳机床集团推出的"共享机床"项目等。国家信息中心2019年2月发布的《中国共享经济发展年度报告（2019）》显示，2018年中国共享经济市场交易额为2.94万亿元，比2017年增长41.6%；共享经济参与者约7.6亿人，其中提供服务者约7500万人，同比增长7.1%。共享经济推动服务业结构优化、快速增长和消费方式转型的新动能作用日益凸显。2015—2018年，出行、住宿、餐饮等领域的共享经济新业态对行业增长的拉动作用分别为每年1.6、2.1和1.6个百分点。报告预测，2019—2021年，我国共享经济仍将保持年均30%以上的增长速度，在稳就业和促消费方面的潜力将得到进一步释放[81]。

但与此同时，以共享单车等为代表的共享经济企业在经营管理上也暴露出许多问题，比如长期依靠烧钱扩大市场的模式无法长久维持。随着监管措施的持续完善，共享经济已由过去的"高歌猛进"阶段进入当前关键的调整阶段。

（4）区块链技术赋能实体经济，促进突破转型

近几年，区块链作为一种迅速"火"起来的技术，在金融等众多领域都实现了突破性革新。

目前，区块链在多方参与、流程较长、信用成本高的领域已经开始了探索性的应用。相比较而言，供应链金融成为应用较为集中的领域之一。例如，平安集团与福田汽车集团2018年8月联合发布的汽车供应链金融领域的应用"福金

ALL-Link 系统"，基于现实贸易背景，采用信息化系统，利用平安旗下金融壹账通的区块链技术，解决企业与金融机构之间的信息不对称问题，提升融资成功率[82]。此外，多个行业参与了区块链的研究和应用，进一步提升了区块链对实体经济发展带来的价值。例如韩国三星集团的信息技术公司三星 SDS 在物流中应用区块链技术，从而降低了 20% 的运输成本。在产品溯源方面，蚂蚁金服与茅台合作，通过区块链技术对茅台酒进行正品防伪溯源；2018 年 2 月，天猫与菜鸟宣布全面启动产品全球溯源计划；同年 4 月，京东宣布打造全链条区块链技术平台，对跨境电商产品进行溯源。在医疗保健领域，区块链技术能留存大量患者数据，同时还能实现用户隐私保护。由此可见，区块链技术发展给当前实体经济带来了转型的巨大空间。

（二）完善电子政务，追求科学治理

信息化的发展使民众能够更加便捷高效地获取政府公开的信息，通过互联网的公开渠道反映民生问题。对政府机构而言，信息化发展中应运而生的电子政务已经成为实施政府职能转变，提高政府管理、公共服务和应急能力的重要抓手。

1. 信息化的快速发展给政府管理提供的机遇

2019 年 10 月，党的十九届四中全会与时俱进地丰富了推进社会治理现代化的内涵，会议提出"创新行政管理和服务方式，加快推进全国一体化政务服务平台建设，健全强有

力的行政执行系统，提高政府执行力和公信力"。推进国家治理体系和治理能力现代化是全党一项重大战略任务，将数字技术应用于国家治理和政府治理，是信息化时代的必然选择。

信息化的发展有利于增强政府公共政策的参与度和科学性。近些年在我国政府的积极推动下，政府门户网站及"两微一端"快速发展、电子政务信息应用系统建设稳步推进、政府公共信息资源库开发利用初显成效。政府在制定政策之前，可以广泛搜集信息资料，汇集政治、经济、文化等各领域的信息，增强决策的有限理性；在政策执行过程中，可以及时获取政策效果的反馈，准确把握政策施行过程中存在的问题。这些都有利于政府做出理性判断，提高政府决策的质量水平。

信息化的发展有利于改进公共服务，树立服务型政府形象。目前，我国政务信息化主流趋势是建设跨层级、跨地区、跨部门、跨系统的一站式"互联网＋政务服务"平台，推动政务服务从政府供给导向转变为群众需求导向。长期以来，政务信息化建设的主要问题是"各自为政、存在业务孤岛"，而目前多地政府运用政务云平台提升信息共享效果。如2018年浙江省预约诊疗服务平台升级为"浙江健康导航"平台，接入了全省近500家医院的预约挂号服务，统一提供省级医院门诊叫号及报告查询等服务；2019年福建省建立的全国首个生态环境亲清服务平台，整合生态环境部门各项行政审批、公共服务、业务申报事项，做到"一张网"审批，"一站式"办理，让数据多跑路，企业少跑腿。

信息化的发展有利于提高政府工作的透明度和廉政建设水平。互联网信息传播具有交互性、自主性和高效性等特征，信息传播规模能够呈数量级增长。在移动互联时代，人人都是政府的监督者和舆论的参与者，民众可以通过自媒体随时发声，随时随地监督政府权力运作。政府"自我认定"和"自我裁量"空间大幅度减小。同时，随着信息化的发展，政府部门寻求工作方式的主动转型，积极推进政府信息公开。政府网站、政务 App、政务微博、政务微信等新媒体平台，打破了以往的信息壁垒，信息公开和沟通渠道都更加通畅。2019 年 3 月，中国社会科学院法学研究所、社会科学文献出版社联合发布的 2019 年《法治蓝皮书》中的《中国政府透明度指数评估报告（2018）》显示，2018 年我国各级政府的政务服务信息公开工作做得更加细致，更加方便群众，如北京市环保局将行政审批结果按照行政审批事项的种类、时间等进行了精细化分类，申请人可以限定条件进行筛选。法治、经济等方面的信息公开情况也日渐形成固定模式，如 2018 年国务院部门法治政府建设年度报告的发布及公开比例明显提升，共有 27 家部委网站公开了自己的法治政府建设情况年报，比 2017 年的 12 家有了进步。

2. 我国电子政务凸显新趋势，政务服务创新新模式

随着互联网技术的快速更新和网络基础设施建设的不断扩展，在新时期进一步提升电子政务服务水平，更好地满足人民群众对政务服务的新需求，成为我国政府管理的新目标。

近年来，我国先后出台了多项举措推进落实政府管理信息化，将"互联网＋"深入运用到政务管理当中。"互联网＋政务服务"走向智能化、精准化和科学化。支付宝、微信等平台开通政务服务入口并不断细化服务内容，从车主服务、政务办事到医疗、交通出行、充值缴费等方面全方位覆盖用户生活。陕西省一体化政务云平台"陕数通"发挥大数据在脱贫攻坚、居民健康档案管理等多个社会民生领域的重要作用，实现了基础资源统一运维、集约使用；海关总署建成覆盖全国的跨境电商通关监管系统，为跨境电商企业提供开放便利的通关服务。未来，电子政务市场潜力无限，仍将继续保持快速增长的趋势。

近些年在我国电子政务的发展中，逐渐形成了促进公共服务创新的 3 种模式。一是以核心业务信息化为框架的公共服务。例如以政府核心业务为主线开发的多个"金字"工程，其中金税工程着力推进申报网络化、发票电子化；金盾工程聚焦公安部门的部分核心业务，如户籍管理、交通管理、出入境管理、公共安全管理等；金关工程为构建海关运行关键指标体系提供了有力支撑，实现了监管通关、关税征管等几百个指标的展示，全国通关一体化预申报以及报关单、舱单等业务指标的实时运行监测；金财工程是支撑以预算编制、国库集中支付和宏观经济预测分析为核心应用的政府财政管理综合信息系统；金审工程是国家审计信息化建设项目，构建国家审计数据中心、数字化审计平台。二是以政府门户网站建设为基础的公共服务。

许多地方政府的电子政务工程是以政府门户网站建设开始的，作为"网上政府"的政府门户网站，主要功能包括向公众提供政策查阅、解读服务；向公众提供政务服务，方便群众办事；及时收集民众关注焦点，对社会事件及时反馈处理结果。三是以网上政务服务平台为主体的公共服务。2018年底，国家政务服务平台"六个统一"的主体功能建设初步完成，建成了统一的身份认证系统、电子证照系统、投诉建议功能、用户管理功能、事项管理功能和服务搜索功能。与此同时，不少地区积极探索开展数字政府建设，推动电子政务建设管理体制机制创新。

3. 我国电子政务应用仍面临挑战

电子政务对实现政府在线服务、在线管理，提高政府工作效率，降低行政成本起到了积极作用。我国政府的电子政务及信息化建设近年也取得了许多重要进展，但在应用上仍然存在一些问题。

一是技术更新缓慢，应用层次较浅。由于我国的电子政务建设起步较晚，部分地方政府的信息化管理仍停留在表面初级应用，不能很好地发挥信息交融的优势。例如我国各级政府都积极推出了以"微博＋微信"为主要平台的"微政务"管理模式，很多地方和基层政府趁着新媒体的热度正高，就跟着潮流开设账号，随后未及时更新维护，账号被闲置，导致政务新媒体沦为形式。2019年，认证为"中共镇原县委宣传部官方微博"的"蓝V"政务微博被发现多次发布"测算、

合婚、开财运"等内容的宣传图。当地宣传部回应称，该微博在 2013 年开通后用过两年，其后便长期弃置，2016 年疑似被盗号。目前，此微博已正常运营。据人民网舆情数据中心的统计，2018 年一季度全国政务微博僵尸账号达 61 396 个，特别是基层政务新媒体问题较多。还有一些政府网站设立了互动区、留言板等栏目，然而栏目内容却长期不更新，由此沦为"僵尸网站"。

二是标准规范体系尚未形成，政务信息化发展不平衡。 近年来，我国政府信息化建设有了显著的进展和提高，但在公共信息资源的发掘利用方面，相关法律法规和标准化体系不够健全。同时，受经济发展水平和政策环境等因素的影响，我国不同地区间、城乡间、政府层级间的电子政务发展存在明显差异。2019 年 4 月国家行政学院电子政务研究中心发布《省级政府和重点城市网上政务服务能力调查评估报告（2019）》，对 31 个省（区、市）网上政务服务能力进行调查，从渠道可达、事项可见、指南可用、业务可办、效能可评 5 个方面进行评估，结果显示部分省份之间仍存在较大差距。全国网上政务服务能力指数平均为 80 分，既有超过 90 分的，也有刚过 60 分的。

三是电子政务管理过程中存在漏洞，政府管理的安全性饱受威胁。 当前，网络病毒、黑客入侵以及信息窃取盗用等问题给我国电子政务的健康发展带来一定的风险。我国一些地区和部门的电子政务系统使用的设备及其操作系统等均来自国外厂商，即使是与互联网物理隔离的政务内网，系统中的涉密数据仍然存在大量的安全风险。同时，我国在信息产业领域自主可控的核心技术还较为匮乏，物联网、云计算、移动互联网等新一代互联网技术在促进应用创新的同时，也带来了严重的安全隐患。由于部分政府工作人员技术水平有限，安全意识薄弱，一些涉及特殊领域的政府信息一旦遭泄露，可能给国家和人民带来重大风险。做好网络信息安全工作是电子政务公共服务得以开展和升级的重要前提。

四是信息"孤岛现象"仍然存在，信息共享和业务协同有待深化。一方面，我国各级政府、不同部门的电子政务系统暂未能在同一战略规划和协同的监督之下进行较高程度的融合，导致部分已建成的电子政务系统之间难以互联互通，信息资源难以共享，不能充分发挥应有的作用。目前各个部门都在开展信息化建设，但为信息化而信息化的部门不在少数，很多电子政务系统的建设实用性有限。数据库容易建成，但是仍有很多政府部门缺乏"大数据思维"，跨地区、跨部门、跨层级、跨业务的信息资源共享共用和业务协同力度不够，信息孤岛仍然存在，难以从根本上彻底消除数据壁垒。另一方面，不同的电子政务系统各自为政，无形中给公共资源造成了巨大浪费。大量的公共数据就是政府掌握的优势资源，如果数据共享存在困难，就无法发挥其最大效用。如 2015 年 8 月，天津港发生特大爆炸事故，在国务院的事故调查报告中指出，"缺乏统一的危险化学品信息管理平台，部门之间没有做到互联互通，信息不能共享"是事故主要教训之一。

4. 打造电子政务"高级形态"，建设卓越智慧政府

随着我国电子政务和政府信息化推进工作的深入，电子政务正处于由电子化往数字化、智能化转变的阶段，"智慧政府"成了政府信息化即电子政务的"高级形态"，将以信息化手段进一步提高政府工作效率，提高各级政府公共服务能力，并通过智能化公共服务平台建设，有效提升政府决策水平、提高政府公共服务质量。

第一，电子政务未来的建设重点应该是提供更具实用性的信息产品应用。当前我国电子政务的应用仍然存在偏重绩效考核而轻视实用价值的情况，未来电子政务的技术和产品应用应该更注重实用性和效率性，利用网络和科技技术的已有优势，为政府执政和服务能力的提升提供有效的支持平台，开展移动和定制化服务，为科学决策提供全面、客观、及时的信息服务。在此基础上，通过电子政务智能化的建设，还可以进一步促进行政管理体制改革，提高政府公共服务效率。2019年10月，深圳市宝安区启用5G智慧化国际化行政服务大厅，办事人可以在大厅借助5G、AI智能翻译机、智能安防系统等迅速完成各项业务，提高了行政效率，优化了营商环境。

第二，电子政务到智慧政府的关键是数据的互联互通。首先，要为数据资源共享提供必要的法律和制度保障，明确政务数据的资源范围、使用权限、共享流程等问题。2015年，山东、上海等省市就陆续出台了符合其地域特点的政务信息资源共享管理办法，从法律保障的角度为数据互通共享解决后顾之忧，推动各部门主动开放数据、积极运用数据。其次，要构建一体化、整合式的大数据交换共享平台。2017 年 12 月，十九届中央政治局就实施国家大数据战略进行第二次集体学习，习近平总书记在主持学习时强调，加快完善数字基础设施，推进数据资源整合和开放共享，保障数据安全，加快建设数字中国，更好服务我国经济社会发展和人民生活改善。目前，我国多个省市及政府部门均积极建立了数据共享平台，但从国家治理的角度看，各治理系统间还无法达到"协同管理和服务"的水平。最后，要培养领导干部的大数据思维，树立数据"共享增值"的理念。部分政府部门的领导多存在"不敢共享"的心态，因为存在数据泄露等风险而放弃数据共享，所以在制度和技术解决相关风险的基础上，需要转变领导干部的网络资源"小农意识"，开阔视野，促进数据共享。

第三，以公共需求为导向优化政府公共服务体系，加快建设线上线下融合的智慧政府。我国电子政务的发展应始终以服务群众为核心，及时获取群众意见、改进政府的治理能力和服务水平。建设"智慧政府"是电子政务发展的更高阶段，核心内涵是利用新一代信息技术，促进政府管理和公共服务在线上线下的融合。"智慧政府"已是全国政务改革的大势所趋，其核心是要实现管理智能化、服务智慧化。如 2018 年 4 月，上海市政府提出"一网通办"和"智慧政府"建设的总目标。2018 年 10 月，上海政务"一网通办"总门户正式上线。46 个市级部门、16 个区、220 个街镇网上办事服务入驻，覆

盖市、区、街镇三级。用户在实名认证后，即可办理 200 余项服务事项，包括机动车 6 年免检、车管预约、出入境查询、结婚预约等。数据整合共享实现突破，建成市级数据共享交换平台，推动政务数据按需全共享。基本做到统一身份认证、统一总客服、统一公共支付平台等。截至 2020 年 5 月，上海"一网通办"平台已有个人实名注册用户 2389 万人，法人用户 205 万人，总门户接入服务事项达 2321 个，已有 90% 的审批事项实现"只跑一次、一次办成"，99% 的社区服务事项全市通办，在"一网通办"的同时实现了"一网通管"[83]。

（三）护航网络文化，弘扬正向能量

网络文化是随着信息技术尤其是网络通信技术的发展而产生并发展起来的，是人们在社会活动中以"信息、网络技术以及网络资源为支点的网络活动而创造的物质财富和精神财富的总和"[84]。文化与互联网具有天然融合的特性。随着移动互联网的普及，网络文化带动了数字消费，动漫游戏、网络文学、网络音乐、网络视频等已经成为目前群众文化消费的主要产品形式，相关产业的发展呈现井喷之势。

1. 把握网络文化的基本特点

互联网已经成为人类重要的活动空间和信息来源，了解网络文化的基本特征，有助于全面、深刻地认识网络文化，促进网络文化的可持续发展。

网络文化具有大众性和平面性。网络文化是"草根文化"，具有强大的受众基础和开放程度。从互联网上随时可以搜集到需要获知的大量有效信息，减少了特定主体对信息和知识的垄断情况。网络文化的大众化体现在覆盖范围和参与受众的广泛性上。它是一种门槛较低、限制条件较少的文化交流与沟通载体。每个网民既可以是文化的创造者，又可以是文化的消费者。与传统文化明显带有等级区分不同，网络文化作为大众文化的一个强大分支，具有平面化色彩。微博、微信、知乎等网络工具的发展使信息成为共享资源。例如网络文学使文学走出阳春白雪的高端境界，更直白的文字、更诙谐的写作风格、更猎奇的内容创作、快速持续更新等特点，极大扩展了文学的传播范围，扩大了阅读群体。

网络文化具有虚拟性和交互性。虚拟性是网络文化区别于其他媒介文化的最本质的特征。美国未来研究所研究员霍华德·莱茵戈德是最早提出"虚拟社会"这一概念的人。他在 1993 年发表的论文 *The Virtual Community:Homesteading on the Electronic Frontier* 中提到："一群可以面对面也可以彼此不相见的人，通过计算机网络来交流文字与思想……这里也会迸发闪亮的艺术火花，但更多的只是懒散的对话。这里所做的一切，都是人与人在现实中聚集在一起时会干的。只不过所用的是计算机屏幕上的文字，而人们的躯壳被抛在一边。"网络最吸引人之处就是公众的参与，它提供多向的信息流通方式。这种信息交流方式突破了人类信息交流单向式的模式，表现出多方向、大范围、深层次的特征。近年来，微信、直播、短视频等社交软件的完善使网络文化的交互性得到了更大的

体现。这个空间是动态的，并且可以实现一对多、多对多的互动交流。

网络文化具有开放性和多元性。信息技术打破了时间和空间维度的界限，使人和人置身于更加广泛的联系和交流中。因为具有开放性，任何事件一旦发生，几乎就可以实时传播。同时，网络使不同文化突破了地域限制，信息来源的开放性带来了信息内容的多元化，使网络文化能够兼容世界各地、各个群体不同的文化产品和价值理念。

2. 网络文化市场增长态势良好，发展潜力巨大

目前，网络文化产业的发展已经具有相当的产业基础和社会认同度，网络动漫、网络游戏、网络文学等多年保持高速增长态势，用户基础不断扩大，成为目前群众主要的文化消费产品。

第45次《中国互联网络发展状况统计报告》显示，截至2020年3月，我国网民规模达9.04亿人，互联网普及率达64.5%；我国手机网民规模达8.97亿人，网民使用手机上网的比例达99.3%。网络文化产业的发展给社会带来了巨大的经济财富。2018年4月，国家版权局网络版权产业研究基地发布《中国网络版权产业发展报告（2018）》，报告显示，中国网络版权产业继续保持快速增长趋势。当时根据测算，2017年中国网络版权产业的市场规模为6365亿元，较2016年增长27.2%。其中，中国网络版权产业用户付费规模为3184亿元，规模占比突破50%[85]。

网络视频市场整体朝着成熟期快速迈进。目前，我国网络视频市场的发展态势良好，用户的访问便捷性、产品使用的友好性和终端设备的多元性使得移动视频应用的发展前景广阔，它已然成为各大视频平台的主要竞争战场。第45次《中国互联网络发展状况统计报告》显示，截至2020年3月，我国网络视频用户（含短视频）规模达8.5亿人，较2018年底增长1.26亿人，占网民整体的94.1%。其中短视频用户规模为7.73亿人，占网民整体的85.6%。

在主要的网络视频平台中，优酷土豆、搜狐视频、腾讯视频、爱奇艺等凭借多年发展积累的经验与客户群，在营销、内容、用户口碑方面都占有明显优势。2015年开始，上述平台相继通过热门剧目开通会员付费观看功能，通过差异化排播方式带来的用户付费观看商业模式开始受到用户认可。根据爱奇艺2019年2月公布的财务报告，在2018年第四季度，爱奇艺的订阅会员规模达到8740万人，付费会员占比达到98.5%，2018年爱奇艺全年会员收入超过106亿元。腾讯2019年3月发布的全年财报显示，腾讯视频的订购用户数达8900万，同比增长58%。截至2018年底，腾讯的数字内容订购总量超过1亿人次，同比增长50%。

网络音乐市场行业格局已基本确立。根据《文化部关于网络音乐发展和管理的若干意见》的定义，网络音乐是音乐产品通过互联网、移动通信网等各种有线或者无线方式传播的，其主要特点是形成了数字化的音乐产品制作、传播和消费模式。通过互联网提供的、在计算机终端下载或者播放的

在线音乐被称为互联网在线音乐，无线网络运营商通过无线增值服务提供的、在手机终端播放的在线音乐，被称为移动音乐[86]。第 45 次《中国互联网络发展状况统计报告》显示，截至 2020 年 3 月，网络音乐用户规模达 6.35 亿人，较 2018 年底增加 5954 万人，占网民整体的 70.3%。手机网络音乐用户规模达 6.33 亿人，较 2018 年底增加 7978 万人，占手机网民的 70.5%。

互联网给予了音乐行业新的业务模式与运营方式。以网易云音乐、QQ 音乐等为代表的音乐播放器平台，以全民 K 歌为代表的移动 K 歌平台，是提供互联网音乐服务的主要平台方。业务形态的垂直细分加速了我国移动音乐行业的迭代和发展。当今人们的知识版权意识越来越强烈，并且国家各类政策不断为其保护加码，在这类因素的影响下，在线音乐付费市场逐渐形成了十分庞大的竞争市场。以腾讯音乐为例，腾讯发布的 2018 年财报显示，在 2018 年第四季度，腾讯音乐的在线音乐付费用户达到 2700 万人，同比增长 39.2%。

网络游戏市场发展态势保持稳中向好。 网络游戏产业是一个势头强劲的朝阳产业，20 世纪末初步形成分工明确的产业生态环境，2003 年开始进入高速发展阶段。近年来，网络游戏市场迅猛发展，已逐渐由成长期快速向成熟期过渡，网络游戏成为网络经济的重要组成部分。第 45 次《中国互联网络发展状况统计报告》显示，截至 2020 年 3 月，我国网络游戏用户规模达 5.32 亿人，较 2018 年底增长 4798 万人，占网民整体的 58.9%。手机网络游戏用户规模达 5.29 亿人，较 2018 年底增长 7014 万人，占手机网民的 59%。

我国网络游戏行业 2005 年开始进入快速增长期，《传奇》《梦幻西游》《大话西游 2》《征途》《问道》等大批网络游戏问世，网络游戏行业空前繁荣。经历十余年的发展，中国网络游戏市场体量庞大，已经成为全球网络游戏重要市场之一，市场水平也趋于成熟。精致、创新成为网络游戏产品的衡量标准。

网络文学市场国际影响力不断增强。网络文学的时效性和互动性是其区别于传统文学最显著的特点，网络作家在网上发表文学作品时，网络读者会第一时间看到并可以进行评论，及时的反馈与交流成为网络作家创作的重要动力来源之一。依托于网络媒介特别是新媒体的发展，网络文学在文学市场中正占据越来越重要的位置。第 45 次《中国互联网络发展状况统计报告》显示，截至 2020 年 3 月，网络文学用户规模达 4.55 亿人，较 2018 年底增长 2337 万人，占网民整体的 50.4%。手机网络文学用户规模达 4.53 亿人，较 2018 年底增长 4238 万人，占手机网民的 50.5%。

中国网络文学经历了 20 年发展历程，从付费阅读到多元发展，产业生态不断升级，行业边界日趋淡化，知识产权（Intellectual Property，IP）延伸出新的格局。2018 年 9 月中国音像与数字出版协会发布的《2017 年中国网络文学发展报告》显示，2018 年全国网络文学读者规模已突破 4 亿人，人

均消费 30.9 元，有 8.7% 的读者月均消费过百元；70.7% 的读者期望网络文学质量得到提升，充分反映出优质内容已成为主导产业发展的决定性力量。77.9% 的读者阅读经历在两年以上，阅读经历在 6 年以上的资深读者占比近 1/3，阅读时长和读者黏性均在逐年提升。截至 2017 年，已有超过 500 部网络文学作品被译为英、日等十多种语言，海外读者对中国网络文学翻译作品的关注空前高涨，日均访问量超过 500 万人次[87]。

网络直播市场挑战与机遇并存。根据国家互联网信息办公室 2016 年 11 月发布《互联网直播服务管理规定》，互联网直播是指基于互联网，以视频、音频、图文等形式向公众持续发布实时信息的活动。网络直播是新兴的高互动性视频娱乐，作为一种新型传播形式正在迅猛发展。第 45 次《中国互联网络发展状况统计报告》显示，截至 2019 年 6 月，网络直播用户规模达 5.6 亿人，较 2018 年底增长 1.63 亿人，占网民整体的 62%。从体育、游戏、真人秀和演唱会 4 个细分内容领域来看，用户规模分别增长了 3677 万人、2204 万人、4374 万人和 4137 万人，在 2019 年兴起并实现快速发展的电商直播用户规模为 2.65 亿人。

国内网络直播最早出现于 2005 年，9158 视频社区被视为国内最早的视频直播平台。近年来，六间房秀场、YY 视频直播间、斗鱼直播、虎牙直播等相继涌现，直播行业不断发展且细化出综合类、教育类、游戏类、秀场类、体育类和明星类等。2016 年是中国移动直播发展的迅猛时期，以映客直播为代表的纯移动端直播 App 迅速崛起，直播 App 数量井喷式增长，且渗透率一路攀升并保持上升趋势，年增长近 50%。2018 年网络直播行业内部逐渐分化，进入转型调整期，随着直播平台在严监管的态势下呈现下行趋势，"快手""抖音"等短视频 App 开始崭露头角，并随着直播答题的营销推广迅速占领市场。

网络直播以真实的交互模式替代了以往呆板的社交模式，满足了人们随时随地面对面互动的交流需求，更符合年轻人的社交审美，特别是"快手"等短视频平台激发了基层草根网民的活跃。但网络直播火爆的背后，部分直播平台传播色情、暴力、谣言、诈骗等信息，给青少年乃至成年人的身心健康带来不良影响，给网络空间治理带来挑战。近年来，我国多次出台相关政策和举措，大力治理直播平台乱象，净化网络空间。如 2017 年 7 月，公安部门规定，短视频禁止传播文身、色情、低俗、暴力、约架等不良内容；2019 年 1 月，中国网络视听节目服务协会发布《网络短视频平台管理规范》和《网络短视频内容审核标准细则》；全国首批网络直播团体标准发布会发布《网络直播平台管理规范》和《网络直播主播管理规范》；2019 年 3 月，国家网信办指导组织"抖音""快手""火山"等短视频平台试点上线青少年防沉迷系统等。

3. 发挥政府在网络文化建设中的关键作用

加强网络文化建设是实施网络强国建设的重要内容。

2017 年 4 月，文化部出台的《推动数字文化产业创新发展的指导意见》明确提出："丰富网络文化产业内容和形式、实施网络内容建设工程，大力发展网络文艺，丰富网络文化内涵，推动优秀文化产品网络传播。"同时，随着网络文化在社会生活中的影响逐渐增长，网上意识形态较量日益尖锐化、复杂化，网络文化生态建设的重要性与日俱增。政府部门应该从我国实际出发，以改革创新精神，走出一条符合国情的中国特色网络文化建设和管理的道路。

一是优化网络文化环境，建立健全网络空间治理的长效机制。党的十九大报告指出，要"加强互联网内容建设，建立网络综合治理体系，营造清朗的网络空间"。首先，政府在网络文化建设中应该以法律法规为依据主导互联网管理。对网络文化的各方面加强风险防控，对于急需治理或涉及政治言行等方面的重点网络文化领域优先立法，预防苗头性问题，对于需要统筹分步实施的治理内容安排时间表，逐步落实。其次，在网络文化治理过程中，政府要严格执法、公正司法。严格规范网络文化市场管理，对于群众反映的突出问题、迫切要求要及时妥善处理，增强网络主体的规则意识和底线意识。近年来，我国各级政府部门不断开展对网络文化有害内容的集中巡查和清理专项行动，收到了很好的社会效果，但仍然应强力监管整治违规违法行为，形成长效监管处罚机制。最后，要理顺网络文化管理体制，建立健全不同部门、不同层级的互动机制。由于网络文化的固有属性，目前涉及网络文化管理的政府部门从中央到地方，从文化部门到工商部门，跨层级、跨部门的情况始终存在，这就要求政府在网络文化治理过程中转变以往传统的集权化治理模式，坚持整体性和合作性治理思维，应进一步思考如何在具体制度领域落实构建多主体有机协作的网络治理理念和原则。

二是发挥社会主义核心价值观的引领作用，推动网络文化产品的供给侧改革。建设与发展中国特色网络文化强国，必须立足中国的国情民情，在网络文化空间增强主流意识形态的主导地位，用社会主义核心价值观引领网络文化方向。一方面，要鼓励优秀网络文化作品的创新，努力探索中国传统文化、红色文化与网络文化的融合方式和创新途径，善于利用网络文化的传播优势，让社会主义核心价值观进入网络空间的各个角落。比如，2019 年，由《人民日报》和腾讯联合推出的公益手机游戏《家国梦》受到网民追捧，该游戏通过虚拟场景为玩家创造浸入式体验，让玩家直观了解国家大政方针和中华人民共和国成立 70 年来的伟大成就，在全社会尤其是青少年群体中弘扬了家国情怀。另一方面，政府部门要注重引导网民形成正确的网络文化价值观和消费观，针对能够迅速引发网民注意力并形成规模的网络文化产品，要深入调研其背后网民的消费和精神需求，对网民尤其是正处于成长阶段的青少年网民加强网络素养教育，引导其形成合理的网络消费观念和价值观。

三是积极推动中国文化的国际传播，遏制西方在网络意识形态领域的渗透。某些西方发达国家经常将其包装好的"民

主自由"作为意识形态在发展中国家肆意传播，让很多民众不自觉地接受西方所谓的"普世价值"。因此，让中国更好地向世界讲述"中国故事"，让世界更好地了解中国，是网络文化乃至中国文化对外传播的重要问题。比如，2019 年，中国视频博主"李子柒"在海外社交平台受到关注，引发了国内舆论有关"文化输出"的探讨。虽然从学术角度来看，文化输出的主体通常指的是国家而非个人，但不少网民认为，相关视频"展现了中国文化，讲好了中国故事"，应被视为积极的对外文化传播。在政府层面，应积极地利用互联网传播的优势向国际"发声"，传播中国文化，利用现代网络平台多元融合的特点，打破"小格局"，有利于中国在世界舞台挺直腰杆，破除"西方中心论"。

四是主动研发新技术、新应用，强化网络文化管理的技术保障。随着 5G 商用的到来，视频表达将成为社会传播的主流，中长视频将强势崛起，而万物互联将打破意识形态和现实的传播界限，VR、AR 等技术可能被用于传播非法内容。因此，网络有害信息管理不能仅停留在采用封、堵、删等原始的手段上，而需要从源头进行精准应对。同时，政府部门和主流媒体应该适应新技术、新应用带来的网络文化表现形式，生产符合技术逻辑的内容与产品，从而及时把握网络文化的变化和走向，维护网络文化的健康发展。

（四）强化公共服务，实现人民幸福

随着网络基础设施及技术的迅猛发展、移动智能设备的广泛普及，互联网成为创新经济新领域、公共服务新平台、信息共享新路径，也为我国实现公共服务智慧化创造了机会。

1. 我国智慧城市建设全面铺开，多元化发展未来可期

2008 年，美国 IBM 公司提出了"智慧地球"的概念，2010 年又提出"智慧城市"的概念。作为全球城镇化发展最快的发展中国家，我国近年来城镇化率快速提升的同时，"城市病"问题开始凸显。智慧城市在我国作为新一代信息技术革命和知识经济迅速发展的产物，逐渐引起国内学者和实践者的广泛关注。智慧城市的核心是以智慧方法，利用以物联网、云计算等为核心的新一代信息技术，来改变政府、企业和人们相互交往的方式，对于包括民生、教育、环保、公共安全、城市服务等在内的各种需求做出快速、智能的响应，提高城市运行效率，为居民创造更美好的城市生活[88]。

在我国，新型智慧城市的建设发展迅速，并逐渐形成了以下发展趋势。

一是各级政府多项政策从顶层设计到落地实施，全方位推进新型智慧城市建设。 2012 年 11 月，住房和城乡建设部颁布了《国家智慧城市试点暂行管理办法》《国家智慧城市（区、镇）试点指标体系（试行）》，这是中央关于智慧城市建设首次提出的指导性文件。随后，地方各级政府相关部门结合本地实际状况与发展需求，也相应地颁发了本地智慧城市建

设的规划方案。2016 年 4 月，国家发展改革委、中央网信办等 25 个部门成立了新型智慧城市建设部际协调工作组，这对加强顶层设计、统筹"条块"建设、推动智慧城市各领域应用，具有重要意义。我国有关"智慧城市"建设的部分政策文件如表 4-5 所示。

表 4-5　我国有关"智慧城市"建设的部分政策文件

层面	发布时间	名称
中央政府层面	2012 年	国家智慧城市试点暂行管理办法
	2012 年	国家智慧城市（区、镇）试点指标体系（试行）
	2013 年	首批国家智慧城市试点名单
	2013 年	科技部办公厅　国家标准委办公室关于开展智慧城市试点示范工作的通知
	2014 年	国家新型城镇化规划（2014—2020 年）
	2014 年	关于促进智慧城市健康发展的指导意见
	2014 年	促进智慧城市健康发展部际协调工作制度及 2014—2015 年工作方案
	2016 年	中共中央　国务院关于进一步加强城市规划建设管理工作的若干意见
	2016 年	国家信息化发展战略纲要
	2017 年	推进智慧交通发展行动计划（2017—2020 年）
	2017 年	智慧城市时空大数据与云平台建设技术大纲（2017 版）
	2019 年	智慧城市时空大数据平台建设技术大纲(2019 版)

层面	发布时间	名称
地方政府层面	2012 年	浙江省人民政府关于务实推进智慧城市建设示范试点工作的指导意见
	2013 年	智慧深圳建设实施方案（2013—2015 年）
	2014 年	上海市推进智慧城市建设行动计划（2014—2016）
	2014 年	福建省人民政府关于数字福建智慧城市建设的指导意见
	2014 年	智慧江苏建设行动方案（2014—2016 年）
	2014 年	推进珠江三角洲地区智慧城市群建设和信息化一体化行动计划（2014—2020 年）
	2015 年	（湖北省）加快推进智慧湖北建设行动方案（2015—2017 年）
	2015 年	山东省智慧城市体系规范和建设指南（试行）
	2015 年	天津市推进智慧城市建设行动计划（2015—2017 年）
	2015 年	河南省促进智慧城市健康发展工作方案（2015—2017 年 ）
	2015 年	重庆市深入推进智慧城市建设总体方案（2015—2020 年）
	2015 年	江西省智慧城市建设工作指南
	2018 年	深圳市新型智慧城市建设总体方案
	2018 年	（陕西省）关于加快推进全省新型智慧城市建设的指导意见
	2019 年	（河北省）关于加快推进新型智慧城市建设的指导意见

注：根据公开信息汇总。

二是智慧城市建设由点到面的趋势显著增强。自 2011 年以来，部分发达地区，如上海、宁波、广州等地相继开启了探索智慧城市规划建设的历程，主要围绕卫生、交通、教育、健康等公共服务领域展开。2012 年，北京、天津、江苏、湖北、辽宁、湖南等六省市也加入了智慧城市建设的阵营，进一步将智能化、数字化的信息技术应用于城市政务、金融、旅游等领域。2013 年，国家智慧城市试点名单出炉，覆盖国内大部分省份，标志着智慧城市建设开始推向全国。到 2015 年底，智慧城市建设的理念和方案在全国 80% 的地级以上城市得到落实，不少县级城市和部分乡镇也开始酝酿本地区的智慧城市规划与建设。德勤公司 2018 年发布的《超级智慧城市报告》显示，全球已启动或在建的智慧城市已达到 1000 多个，我国在建的智慧城市超过 500 个，远超欧洲（90 个，排名第二）。目前，智慧城市建设正由东部地区的成功模式和案例逐渐向中西部地区推广，形成了我国智慧城市建设由点到面的发展趋势[89]。

三是数据从碎片化走向跨区域、跨领域的系统融合，空间信息数据共享共建成为趋势。目前，智慧城市建设中的数据基本已经得到了有效的获取与感知，而获取海量的多类别数据之后，需要对数据进行高效的深度整合，通过管理分析为智慧城市的多方面应用提供有力支撑。例如，目前多个智慧城市建设了以"天地图"地理信息服务公共平台为基础的"多规合一"信息平台，通过融合土地资源、环境保护、交通等相关部门的规划数据，实现多部门多规划数据在一张图上互享互通，为统筹人口分布、经济布局、国土利用和市政设施布局，推进城市治理体系和治理能力现代化奠定了一定基础。

四是新兴技术得到初步应用，城市大数据安全越来越受到重视。在智慧城市中，很多数据并不是人工提供的，而是依靠带有目标监测和识别分析功能的传感器、物联网设备等自动收集提取。智慧城市的数据层整合了政府、金融机构、医院、学校、企业等多方面数据资源，这些数据无论是在物理安全（如硬件设备故障、自然灾害的损毁），还是在数据的管理和应用安全（如云计算服务商的安全防护策略存在疏漏、病毒爆发、黑客攻击）上，都将对数据安全带来安全隐患。因此应当尽早实施数据安全保护工程，完善数据的分级分类，对现有系统进行分析和改善。

五是智慧城市细分领域发展前景广阔。数字城市管理、城市安防、智能交通、智慧医疗、智慧物流、智慧社区、大数据云服务等智慧城市细分领域，未来均有相当可观的发展空间。特别是在环保监测、智能交通、智能城市管理等诸多领域的迅猛发展将带来地理信息产业、传感器行业、射频识别行业需求的爆发式增长。

2.“互联网＋公共服务”多领域齐头并进，让群众享受优质高效的社会服务

“互联网＋医疗”：以互联网为载体、以信息技术（包括移动通信技术、云计算、物联网、大数据等）为手段，与传统医疗健康服务深度融合而形成的一种新型医疗健康服务

业态的总称[90]。

自 2009 年《中共中央　国务院关于深化医药卫生体制改革的意见》实施以来，国家相继出台了相关的扶持政策和指导意见，促进和规范互联网医疗健康服务。2016 年 8 月，习近平总书记在全国卫生与健康大会上指出，要完善人口健康信息服务体系建设，推进健康医疗大数据应用。2018 年 3 月发布的政府工作报告中明确提出要实施大数据发展行动，加强新一代人工智能研发应用，在医疗、养老等多领域推进"互联网＋"建设。自 2018 年起，国务院、国家卫生健康委员会、国家中医药管理局陆续出台《关于促进"互联网＋医疗健康"发展的意见》《互联网医院管理办法（试行）》等政策，允许依托医疗机构发展互联网医院，运用互联网技术提供安全适宜的医疗服务，在线开展部分常见病和慢性病复诊，在线开具部分常见病、慢性病处方；对互联网医院建设做出明确的规范和指引。

2017 年以来，我国互联网医院已发展超过上百家，互联网医疗业务模式逐步落地，预计 2026 年之前我国互联网医疗市场仍将保持高速增长的态势[91]。2020 年 6 月比达网发布的《2020 年第 1 季度中国在线医疗市场研究报告》显示，2020 年第 1 季度中国移动医疗用户规模达 5.58 亿人[92]。2018 年 4 月比达网发布的《中国移动医疗 App 产品监测报告2018》显示，从 2011 年推出的互联网医疗 App "好大夫"，到 2018 年底市场上与互联网医疗相关的应用已多达 2000 余种。2018 年 2 月，中国移动医疗 App 活跃用户规模已达到

2864.9 万人，App 种类按照用户需求可大致分为寻医问诊、挂号 / 导诊、医药服务、健康管理和其他医疗 5 个类别，其中寻医问诊类 App 的用户使用率最高[93]。

"互联网＋交通"：随着经济社会发展，汽车使用量持续上升，道路交通更加繁忙，拥堵和事故极易发生。信息技术在交通方面的广泛应用，促进了交通工具的研制、开发、性能提升，使其在居民出行中发挥着不可替代的作用。基于互联网模式的新型交通系统对促进交通资源"公有化"、缓解交通压力、提升交通运行效率有着明显的作用。在"互联网＋道路交通管理"方面，随着智能终端和 GPS 定位技术的广泛应用，居民的出行信息能够被广泛采集和分析，地图类移动出行平台可以提供准确、实时的路况信息，助力政府进行多角度、全方位的交通实况监控，并基于长期数据积累进行路况预测，提供精准的道路交通服务方案。政府部门通过建设智能交通综合管控平台存储大量交通数据信息，通过对数据进行智能研判分析，为交通管理提供重要数据支撑。特别是阿里巴巴、滴滴和百度在城市智能交通管理领域将交通信号控制作为切入点，结合潮汐车道、出行态势分析、酒驾管理等应用，为公安交通管理工作提供了新的技术手段和应用方案。2016 年以来，杭州公安交通管理部门推出"城市大脑·智慧交通"系统，将数以百亿计的城市交通管理数据等集中录入共享数据平台，由人工智能系统计算出更"聪明"的解决方案并执行，实现了对城市交通全局的即时分析和调度。

在智能公共交通系统方面，2017 年以来，多个互联网龙

头企业纷纷加大了在智能交通领域的投入。例如，2017 年，滴滴出行与深圳巴士集团股份有限公司等单位组建合资公司，共同开展城市智慧公交技术研发并提供智慧出行服务。2018 年，腾讯发布了以乘车码、智能出行助手、定制巴士、城市神经中枢在内的 4 款智慧交通产品。2018 年，阿里巴巴与西安市签订一系列合作内容，其中西安城投集团将利用支付宝城市服务和小程序、生活号等应用，提升西安道路停车管理水平，打造西安文明停车城市形象。智能交通系统已经成为"互联网＋公共交通"的重要载体，在网约车等移动出行方面，各种打车、专车、拼车应用成为近年来"互联网＋交通"领域十分火爆的行业之一，其核心作用在于解决了乘客与车辆资源的精准供需匹配，通过科学算法分配闲置车辆，使得私家车资源"公有化"。

2019 年 7 月易观发布的《中国网约车市场分析报告 2019》显示，网约车市场的整体交易规模 3 年增长超 400%，专车、快车占比超 70%。2018 年移动出行市场总交易规模达 3112.77 亿元，其中，专车、快车领域占比最高，达 71.48%。2015—2018 年整体市场保持快速增长，平均复合年增长率达 50.01%。但与此同时，网约车行业的安全事件也频频发生。2018 年 5 月，河南郑州一名女乘客在乘坐某平台顺风车时被司机杀害；2018 年 8 月，浙江温州一名女乘客在乘坐同一平台顺风车时被司机杀害。随着行业监管政策收紧，网约车市场增长率出现小幅收缩。目前，市场仍处于高速发展期，以品质出行为代表的网约车市场合规化进程有所加速。

"互联网＋养老"："互联网＋养老"模式秉承互联网开放、便捷、分享的理念，将信息技术、人工智能、互联网思维与传统的养老服务机制相融合，通过建设养老服务平台，整合线上、线下资源，实现养老服务供给资源的集约化管理和供需的有序衔接，从健康、生活、文化、安全等方面解决养老问题[94]。当今我国正加速进入老龄化社会，国家统计局2019年1月公布的2018年经济数据显示，截至2018年底，我国60周岁及以上人口达2.49亿人，占总人口比重达17.9%，远远超过10%的老龄社会标准。随之而来的是社会养老压力不断加大。2015年4月，国家发展改革委、民政部和全国老龄办发布文件强调"互联网＋养老"行动计划。2017年2月，民政部、工业和信息化部、国家卫生计生委三部门联合提出《智慧健康养老产业发展行动计划2017—2020年》，要求加快智慧健康养老产业发展。至今，三部委先后评选了两批智慧健康养老服务企业、实施基地和服务项目，持续推进相关工作的开展。

2018年，民政部印发《"互联网＋民政服务"行动计划》，要求推动互联网与养老服务深度融合，构建线上线下相结合、多主体参与、资源共享、公平普惠的互联网养老服务供给体系。创新居家社区养老服务模式，推进智慧养老社区建设，提供高效、便捷的居家社区养老服务。推进智慧养老院示范创建，建立养老机构服务质量全周期管理体系。加强涉老数据、信息的汇集整合和发掘运用，推动搭建部门互联、上下贯通的养老工作大数据平台，加快升级改造全国养老机构信息系统。积极引导、扶持和发展智慧养老，推动互联网、物联网、人

工智能等新兴科技在养老服务中的应用，逐步形成包括政府、社会、市场、企业和养老服务消费者等多方参与、可持续发展的生态圈、产业链、服务网。

在"互联网＋养老"模式中，政府是协调各方的核心，借助大数据和云计算等功能，调动分配各方资源，提升整体服务质量。近年来，各地在"互联网＋养老"模式的探索中也形成了不少先进和高效的举措，如浙江省杭州市的桐庐县通过两个数据仪器、一个手腕式监护仪和一张 SIM 卡，为老年人提供免费身体数据监测、远程会诊、健康远程检查和急救定位等服务。2018 年，四川省成都市创新构建了养老"关爱地图"，以解决养老服务精准化难题。通过"关爱地图"可以看到成都市老年人分布情况、身体状况、经济来源、养老服务需求、全市各类养老机构、社区日间照料中心等养老服务设施点位的布局情况及其所提供的服务内容，有效解决了养老资源信息不对称的问题。

目前，我国"互联网＋养老"仍处于初级发展阶段，尚未形成成熟、有效和可持续的运营模式。在大多数地方，"互联网＋养老"还未能真正与卫生、公安、社保等系统打通信息壁垒，养老服务人才队伍也面临着短缺的现状，亟待全社会发挥协同作用，以老年人健康管理为核心，借助移动互联网、云计算、大数据、物联网等信息技术，全面整合跨区域、跨体系的优质资源，为老年人和相关服务机构搭建起供需平台，同时利用老年智能终端设备，为广大老年人提供全程连续、方便可及的综合性养老服务。

延伸阅读

梅棹忠夫：（1920 年 6 月 13 日—2010 年 7 月 3 日），日本学者，长期在京都大学任教，退休后被授予京都大学名誉教授、日本国立民族学博物馆名誉教授等头衔。被日本学界视为日本文化人类学研究的开创者，研究领域包括生态学、民族学、情报学、未来学等，他提出的理论被称为"梅棹文明学"。

埃尼阿克：电子数字积分计算机。英文全称为 Electronic Numerical Integrator And Computer，英文缩写为 ENIAC。埃尼阿克诞生于 1946 年 2 月，是世界上第一台通用电子计算机，是继 ABC（阿塔纳索夫 - 贝瑞计算机）之后的第二台电子计算机。埃尼阿克是图灵完备的电子计算机，可以进行编程。在可计算性理论中，一个数据处理规则的系统（如计算机指令集、编程语言或细胞自动机）可以被用来模拟任意图灵机，则称该系统为图灵完备。承担埃尼阿克开发任务的人员包括科学家约翰·冯·诺依曼和工程师埃克特、莫克利、戈尔斯坦等。

Intel 4004：世界上第一款商用微处理器，由美国英特尔公司制造。该微处理器于 1971 年面世，片内集成了 2250 个

晶体管，晶体管之间的距离是 10 微米，能够执行 4 位运算，每秒运算 6 万次，频率为 108 kHz。借助于该微处理器的推广，英特尔公司完成了从单一的存储器制造商向微处理器制造商的转型。

FTTx："Fiber To The x"的缩写，意为"光纤到 x"，为各种光纤通信网络的总称，其中 x 代表光纤线路的目的地，具体包括光纤到户（Fiber To The Home，FTTH）、光纤到驻地（Fiber To The Premises，FTTP）、光纤到路边（Fiber To The Curb，FTTC）、光纤到节点（Fiber To The Node，FTTN）、光纤到办公室（Fiber To The Office，FTTO）和光纤到服务区（Fiber To The Service Area，FTTSA）等。

4G 技术：第四代移动通信技术的简称，在 3G 技术的基础上借鉴了 WLAN 技术，能够传输高质量视频图像，且图像传输质量与高清晰度电视不相上下的技术。4G 移动通信技术可以在多个不同的网络系统、平台与无线通信界面之间找到最快速与最有效率的通信路径，以进行即时的传输、接收与定位等动作。

5G 技术：第五代移动通信技术的简称，是最新一代蜂窝移动通信技术。5G 的性能目标是高数据速率、降低时延、节省能源、降低成本、提高系统容量和大规模设备连接，它将极大推进自动驾驶、远程外科手术、智能电网等技术的发展。

联合国经济及社会理事会：成立于 1945 年，是联合国的 6 个主要机构之一。主要职能包括协调联合国及联合国系统各组织的经济和社会工作，研究有关国际间经济、社会、发展、文化、教育、卫生及有关问题；就其职权范围内的事务，召开国际会议，并起草公约草案提交联合国大会审议；负责联合国各次主要会议和首脑会议的后续活动等。

IPv4：第4版互联网协议（Internet Protocol version 4），是互联网协议开发过程中的第4个版本，也是此协议第一个被广泛部署的版本，被视为互联网的核心。随着地址不断被分配给用户，IPv4地址逐渐面临枯竭。2019年11月，全球所有43亿个IPv4地址已分配殆尽。

IPv6：第6版互联网协议（Internet Protocol version 6），是因特网工程任务组（The Internet Engineering Task Force，IETF）设计的用于替代IPv4的下一代互联网协议，其地址数量号称可以为全世界的每一粒沙子分配一个地址。互联网数字分配机构在2016年已向IETF提出建议，要求新制定的国际互联网标准只支持IPv6，不再兼容IPv4。

Polar Code（极化码）：极化码由土耳其毕尔肯大学学者埃尔达尔·阿里坎于2008年首次提出，从理论上第一次严格证明了在二进制输入对称离散无记忆信道下，极化码可以"达到"香农容量，并且有着较低的编码和译码复杂度。目前，极化码是唯一可理论证明达到香农极限，并且具有可实用的线性复杂度编译码能力的信道编码技术。极化码构造的核心是通过"信道极化"处理，在编码侧，采用编码方法使各个子信道呈现出不同的可靠性，当码长持续增加时，一部

分信道将趋向于容量接近于 1 的完美信道（无误码），另一部分信道趋向于容量接近于 0 的纯噪声信道，选择在容量接近于 1 的信道上直接传输信息以逼近信道容量。在译码侧，极化后的信道可用简单的逐次干扰抵消译码的方法，以较低的实现复杂度获得与最大自然译码相近的性能。早在国际无线标准化组织 3GPP 讨论前，极化码便在中国 IMT-2020（5G）推进组 5G 第一阶段外场测试中进行了测试，包括静止和移动场景的性能。

5G 三大应用场景：国际无线标准化组织 3GPP 定义了 5G 的三大应用场景——增强型移动宽带（enhanced Mobile Broadband，eMBB）、低时延高可靠通信（Ultra-Reliable & Low-Latency Communication，URLLC）、海量机器类通信（massive Machine-Type of Communication，mMTC）。其中，eMBB 包括 3D/ 超高清视频等大流量移动宽带业务，URLLC 包括无人驾驶、工业自动化等需要低时延和高可靠连接的业务，mMTC 包括大规模物联网业务。

数字丝绸之路：2015 年 3 月，国家发展改革委、外交部、商务部联合发布《推动共建丝绸之路经济带和 21 世纪海上丝绸之路的愿景与行动》，明确提出："共同推进跨境光缆等通信干线网络建设，提高国际通信互联互通水平，畅通信息丝绸之路。"2015 年 12 月，第二届世界互联网大会"数字丝路·合作共赢"论坛上首次提出"数字丝绸之路"的概念。2017 年 5 月，国家主席习近平在"一带一路"国际合作高峰论坛开幕式上发表演讲指出："我们要坚持创新驱动发展，加强在数字经济、人工智能、纳米技术、量子计算机等前沿领域合作，推动大数据、云计算、智慧城市建设，连接成21世纪的数字丝绸之路。"随着"一带一路"倡议的推进，大力推动"数字丝绸之路"建设逐渐成为"一带一路"沿线国家的共识。

中国－东盟信息港：在2014年9月举行的首届中国－东盟网络空间论坛上，中国与缅甸、印度尼西亚、马来西亚等东盟十国达成了共建中国－东盟信息港的倡议，以促进区域内的多边发展与合作。中国－东盟信息港的建设囊括了基础建设、技术合作、经贸服务、信息共享、人文交流五大平台。2016年4月，国家发展改革委等五部委印发《中国－东盟信息港建设方案》。2019年2月，《中国－东盟信息港建设总体规划》获国家批复。

ICANN：互联网名称与数字地址分配机构（Internet Corporation for Assigned Names and Numbers），成立于1998年10月，是一家总部位于美国加利福尼亚州的非营利国际组织。ICANN负责全球互联网基础资源的运营，包括互联网协议地址的空间分配，协议标识符的指派，通用顶级域名、国家和地区顶级域名系统的管理，以及根服务器系统的管理。长期以来，美国政府保持对ICANN以及根域名的控制。2014年开始，美国政府在各方压力下开始对ICANN进行改革，将对域名系统的控制权移转给了"自下而上"的"全球多利益相关方"，为我国在域名系统网络安全的维护提供了新的机遇与挑战。

类脑计算：是一种借鉴脑科学的基本原理，面向人工通用智能，基于神经形态工程的新型计算技术。与传统的基于冯·诺依曼架构计算技术相比，类脑计算具有能耗低、计算效率高等优势，有望支撑人工智能技术取得进一步突破，受到了学术界和工业界的积极关注。2019年8月，《自然》杂志在封面刊出了清华大学类脑计算研究中心施路平教授团队最新的研究成果——类脑计算芯片"天机芯"，这是世界上第一颗异构融合类脑计算芯片。

PPP模式：Public Private Partnership模式，即公私合作伙伴关系模式，在国际上是指公共部门和私营部门通过平等合作共同提供公共产品，是基础设施领域通用的投融资模式之一，在英国、法国等西方国家运用较多。2014年以来，我国将PPP定义为政府和社会资本合作，是指政府为增强公共产品和服务供给能力、提高供给效率，通过特许经营、股权合作等方式，与社会资本建立的利益共享、风险分担及长期合作关系。

"鸿雁星座"：全球低轨卫星移动通信与空间互联网系统，主要用于全球卫星通信领域，由中国航天科技集团东方红卫星移动通信有限公司负责建设和运营。按照规划，"鸿雁星座"一期预计在2022年建成并投入运营，系统由60颗核心骨干卫星组成，主要实现全球移动通信、物联网、导航增强等功能；二期预计在2025年完成建设，系统由数百颗宽带通信卫星组成，可实现全球任意地点的互联网接入。两期系统建成后，数百个"小鸿雁"可填补地球表面的通信空白，构建中国自主"海、陆、空、天"一体的卫星移动通信与空间互联网接入系统。2018 年 12 月，"鸿雁星座"首颗试验卫星在酒泉卫星发射中心发射成功并进入预定轨道，标志着"鸿雁星座"的建设全面启动。

天地一体化信息网络："科技创新 2030——重大项目"中启动的首个重大工程项目，被列入国家"十三五"规划纲要以及《"十三五"国家科技创新规划》。天地一体化信息网络由天基骨干网、天基接入网、地基节点网组成，并与地面互联网和移动通信网互联互通，建成"全球覆盖、随遇接入、按需服务、安全可信"的天地一体化信息网络体系。它建成后，将使中国具备全球时空连续通信、高可靠安全通信、区域大容量通信、高机动全程信息传输等能力。

中国科技云：面向中国科技界的专有云服务，由中国科学院计算机网络信息中心负责建设。它以科技工作者为中心，以科研信息化资源统一调度和用户自服务为特色，通过技术创新和集成创新，以全新的模式为科技工作者提供安全、按需、智能化的云服务。在 2017 年第四届世界互联网大会上，中国科技云建设启动。主要建设内容包括实施高速网络、高性能计算、人工智能计算、云计算、云存储、大数据处理环境的"硬"能力资源池建设，以及科研信息和科研软件的"软"能力资源池建设。2018 年 4 月，中国科技云门户正式启动上线。

离岸数据中心：在特定区域内（即具备"境内关外"特点）利用相应的机房设施，通过专用国际通信信道出入口

与上联网络直接进行信息交互，以外包出租的方式为非国内用户（仅限于法人）的服务器等互联网或其他网络的相关设备提供放置、代理维护、系统配置及管理服务，以及提供数据库系统或服务器等设备的出租及其存储空间的出租、通信线路和出口带宽的代理租用和其他应用服务。离岸数据中心开展的业务主要有IDC类业务、企业自用数据中心、企业后台数据处理中心、服务外包平台、互联网业务提供点、云计算服务（SaaS、PaaS、Iaas）提供点等。

EDA： 电子设计自动化（Electronic Design Automation），是在20世纪60年代中期从计算机辅助设计、计算机辅助制造、计算机辅助测试和计算机辅助工程的概念发展而来的。

国家集成电路产业投资基金： 简称"大基金"，于2014年9月正式成立，注册资本为987.2亿元，由财政部（持股25.95%）、国开金融（持股23.07%）、中国烟草（持股14.42%）、亦庄国投（持股7.21%）、中国移动（持股7.21%）。上海国盛、中国电科、紫光通信、华芯投资等持股，重点投资集成电路芯片制造业，兼顾芯片设计、封装测试、设备和材料等产业。截至2017年底，国家集成电路产业投资基金累计有效决策投资67个项目，累计项目承诺投资额1188亿元，实际出资818亿元，分别占一期募资总额的86%和61%。2019年10月，国家集成电路产业投资基金二期股份有限公司（"国家大基金二期"）注册成立，营业期限从2019年10月22日至2029年10月21日，注册资本为2041.5亿元。

FinFET：鳍式场效应晶体管，是一种新的互补式金属氧化物半导体晶体管。FinFET命名源于晶体管形状与鱼鳍相似。这种设计可以改善电路控制并减少漏电流，缩短晶体管的栅长。该项技术发明人是美国加州大学伯克利分校教授胡正明。

旋转门："旋转门"现象是西方政治中的一种有趣的现象。"旋转门"指的是个人在公共部门和私人部门之间双向转换角色、穿梭交叉的机制。"旋转门"机制可以归为两类，第一类是由企业或民间机构进入政府的"旋转门"。第二类是由政府进入私人部门的"旋转门"。这一机制有助于具有专业知识的人才在政府和非政府组织之间顺畅交流。在美国，智库研究人员经常"旋转"出去担任政府公职，前政府官员也会"旋转"进入智库机构担任研究职务。但另一方面，"旋转门"现象也带来了一些负面效应，如某些离职政治人物通过"旋转门"进入商界获取暴利，利益集团通过"旋转门"和游说活动进行权钱交易和利益输送，从而影响甚至绑架公共政策，损害了美国政府的治理能力和公众对制度的信任。因此，对于"旋转门"制度，我国应在借鉴时扬长避短，发挥其积极作用。

"工业4.0"：德国政府在2013年的汉诺威工业博览会上正式推出该战略，其核心目的是提高德国工业的竞争力，在新一轮工业革命中占领先机。按照目前的共识，"工业1.0"是蒸汽机时代，"工业2.0"是电气化时代，"工业3.0"是信息化时代，"工业4.0"是智能化时代。"工业4.0"的目标与以前不同，不是单单创造新的工业技术，而是重在将现

有工业相关技术、销售与产品体验统合起来，是创建具有适应性、高资源利用效率和人因工程学的智能工厂，并在商业流程及价值流程中集成客户以及商业伙伴，提供完善的售后服务。它的技术基础是智能集成感控系统及物联网。

"渤海粮仓"科技示范工程：2013年4月由科技部、中国科学院联合山东、河北、天津、辽宁4个省市，启动实施的国家科技支撑计划项目。"渤海粮仓"科技示范工程大数据平台，基于物联网和大数据技术，具备信息采集、分析与服务功能，主要包括数据采集、挖掘分析、监测预警和决策服务四大模块。经过研发、测试、调整优化与示范应用等环节，该平台现已具备海量数据来源多样性、历史与实时数据相融合、多因子综合分析决策等特点，应用到"渤海粮仓"山东项目区典型地块的粮食生产管理和决策过程中，有效地指导了项目区的粮食生产根据第一阶段项目任务执行情况验收报告，"渤海粮仓"科技示范工程5年累计示范推广8016.7万亩（注：1亩约为666.67平方米），棉改粮279.2万亩，改良盐碱地580.3万亩，累计增粮1047.5万吨，节本增效186.5亿元，节水43.5亿立方米。

"天地图"："天地图"是由国家测绘地理信息局建设并于2011年1月正式上线的地理信息综合服务网站，其建设目的在于促进地理信息资源的共享和高效利用，提高测绘地理信息公共服务能力和水平，改进测绘地理信息成果的服务方式，为社会公众的工作和生活提供方便。"天地图"装载了覆盖全球的地理信息数据，这些数据以矢量、影像、三维

3 种模式来展现。2019 年 5 月，自然资源部下发《关于做好2019 年地理信息公共服务平台建设与应用工作的通知》，要求各地以加强基础地理信息资源开发利用为主线，以扩大地理信息数据开放共享为导向，推动"天地图"集约共享、转型升级。

"多规合一"信息平台：此类平台不仅可以协调不同空间规划方案在规划期限、规划目标、功能定位等方面存在的自成体系、内容冲突、缺乏衔接等问题，还可以整合国土资源、住房建设、生态环境、交通运输、林业等多个部门的专业规划与管理数据，实现"多规"数据在同一个平台上的信息联动共享和实时更新，实现"一个市县、一本规划、一张蓝图"，进一步提升城市信息化和智慧城市建设水平。如 2018 年 5 月北京市上线试运行的"多规合一"协同信息平台，实现了 13个相关部门的信息共享。

青少年防沉迷系统：在国家互联网信息办公室的指导下，在短视频平台试点上线的软件系统。系统内置于短视频应用中，用户进入"青少年模式"后，使用时段、服务功能和在线时长受限，且只能访问青少年专属内容池。系统还将试点通过地理位置判定、用户行为分析等技术手段，筛选甄别农村地区留守儿童用户，并自动切换到"青少年模式"。2019 年 3 月，"抖音""快手""火山小视频"等短视频平台试点上线该系统。2019 年 6 月，全国主要网络短视频平台全面推广上线该系统，形成统一的行业规范。

参考文献

[1] 李京文, 小松崎清介, 郑友敬, 等. 信息化与经济发展 [M]. 北京: 社会科学文献出版社, 1994.

[2] 郭长学, 张晓红. 国内外"信息化"概念及发展趋势 [J]. 现代情报, 1996, (10):7.

[3] 钱德勒, 科塔达. 信息改变了美国: 驱动国家转型的力量 [M]. 上海: 远东出版社, 2008.

[4] 周宏仁. 信息化概论 [M]. 北京: 电子工业出版社, 2009.

[5] 王旭东. 20世纪下半叶"信息化"概念及用词历史源流考释 [J]. 史学理论研究, 2008, (3):91.

[6] 第一财经. 进博会期间论坛报告: 电子信息产品占全国外贸比重已超过30% [EB/OL]. (2018-11-08) [2020-03-11].

[7] 人民网. 中国数字经济增速已连续三年排名世界第一 [EB/OL]. (2019-03-08) [2019-05-10].

[8] 杨光. 信息化是现代化的强力支撑 [J]. 计算机与网络, 2014, (8):5-6.

[9] ITU/UNESCO Broadband Commission for Sustainable Development. The State of Broadband 2018: Broadband Catalyzing Sustainable Development[R/OL]. (2018-09-11) [2019-11-29].

[10] 腾讯科技. 一组图看懂4G发展: 中国用户占据全球半壁江山 [EB/

OL]. (2018-04-26) [2019-11-29].

[11] 人民网. 2018全球数字经济发展蓝皮书：中国竞争力世界第二[N/OL]. (2018-10-28) [2019-04-09].

[12] 王益民. 全球电子政务发展现状与趋势——《2018年联合国电子政务调查报告》解读之一[J]. 行政管理改革, 2019, (1) : 44-50.

[13] 李颐, 凌霞. 从2018年全球人工智能数据看未来发展趋势[N]. 光明日报, 2019-01-17(16).

[14] 中国信息通信研究院. 2018世界人工智能产业发展蓝皮书[R/OL]. (2018-09-18) [2019-12-16].

[15] 文彬, 董娟娟. 美国更新国家人工智能研究发展战略计划[J]. 保密工作, 2019, (9) : 66-67.

[16] 中国信息通信研究院. 大数据白皮书(2019年) [R/OL]. (2019-12-10) [2019-12-30].

[17] 中国信息通信研究院. 云计算发展白皮书(2019年) [R/OL]. (2019-07-02) [2019-11-15].

[18] 中国产业信息网. 2019年中国VR/AR行业发展即将进入爆发期[EB/OL]. (2019-4-20) [2019-07-21].

[19] 高阳. 世界主要国家抢占VR战略先机[N]. 中国电子报, 2016-08-30(8).

[20] 谢昌荣, 曾宝国. 物联网技术概论[M]. 重庆:重庆大学出版社, 2013.

[21] 中国信息通信研究院. 物联网白皮书(2018年) [R/OL]. (2018-12-10) [2020-03-15].

[22] 龙其明, 刘丹. 区块链技术在电力行业应用的探讨[J]. 数码设计, 2018, (5):183-184.

[23] 投中研究院. 2018年区块链投融资报告[R/OL]. (2018-06-27) [2019-07-21].

[24] 中国信息通信研究院. 区块链白皮书(2019年) [R/OL]. (2019-11-08) [2019-12-30].

[25] 中国互联网络信息中心. 第45次中国互联网络发展状况统计报告 [R/OL]. (2020-04-28) [2020-05-04].

[26] 宽带发展联盟. 中国宽带速率状况报告[R/OL]. (2019-08-21) [2019-11-21].

[27] 中国信息通信研究院, 宽带发展联盟. 中国宽带发展白皮书(2019年) [R/OL]. (2019-10-31) [2019-12-30].

[28] 中国信息通信研究院. 中国数字经济发展与就业白皮书(2019年) [R/OL]. (2019-04-18) [2019-10-11].

[29] 汪向东. 我国电子政务的进展、现状及发展趋势[J]. 电子政务, 2009, (7) : 46-70.

[30] 中央党校(国家行政学院)电子政务研究中心. 省级政府和重点城市网上政务服务能力调查评估报告(2019)[R/OL]. (2019-04-18) [2019-10-13].

[31] 康亚丽, 韩亚男. "互联网+"与"大数据×"背景下我国电子政务发展现状及对策[J]. 信息记录材料, 2018, 19, (5) : 112-113.

[32] 中国电子政务网. 2018联合国电子政务调查报告提出这五大关键词. [EB/OL](2019-03-04) [2019-05-17].

[33] 汪玉凯. 网络强国战略助推发展转型[N]. 人民日报, 2016-2-17(7).

[34] 汪玉凯. 从网络大国走向网络强国[N]. 光明日报, 2014-06-20 (11).

[35] 零壹智库, 数字资产研究院. 中国区块链政策普查报告2019[EB/OL]. (2019-12-17) [2019-01-06].

[36] 搜狐网. 推进新时代信息化立法的思考[EB/OL]. (2019-02-01) [2019-05-11].

[37] 桂畅旎. 2018年国际网络安全形势回顾[J]. 中国信息安全, 2019, (1) : 62-67.

[38] 南方新闻网. "粤省事"实名用户突破2500万[EB/OL]. (2020-01-02) [2020-01-03].

[39] 人民网. 增强中国在国际规则制定中的话语权[EB/OL]. (2017-02-17) [2019-05-11].

[40] 通信世界网. 苗圩: "一带一路"共推信息通信基础设施建设[EB/OL]. (2017-05-16) [2019-05-11].

[41] 飞象网. 华为全球市场份额继续上升至28.1% 诺基亚爱立信分列二三[EB/OL]. (2019-08-30) [2019-12-17].

[42] 新浪财经. 以阿里为代表的中国经验影响全球电商, 1688成关键的后台支撑[EB/OL]. (2019-04-08) [2019-05-11].

[43] 黄鑫. 软件业成为实体经济发展"加速器"[N]. 经济日报, 2018-07-09(7).

[44] 中国证券网. 工程院院士倪光南: 我国网安产业具有很强的创新力[EB/OL]. (2018-09-07) [2019-04-07].

[45] 奥一网. 智能手机如何从"竹马"变"铁骑"? [EB/OL]. (2018-04-20) [2019-04-07].

[46] 中国电子报. 用安全和系统思路推进信息化发展[EB/OL]. (2016-08-05) [2019-04-07].

[47] 李婷. 我国核心信息技术急需关键领域创新[N]. 人民邮电报, 2016-11-23 (06).

[48] 人民网. 人民观察: 在核心技术领域实现突破[EB/OL]. (2018-06-04)

[2019-04-07].

[49] 国际在线. 工信部强调持续加强人工智能领域基础前沿研究推动开放合作 [EB/OL]. (2018-05-17) [2019-04-07].

[50] 窦滢滢. 打造具有全球优势的信息产业生态体系 [N]. 中国经济时报, 2016-08-01（A04）.

[51] 新华网. 珠三角电子信息产业高速发展的密码: 创新生态圈 [EB/OL]. (2017-12-27) [2019-04-07].

[52] 人民网. 以信息化推动网络强国和制造强国建设 [EB/OL]. (2016-07-28) [2019-04-07].

[53] 新华网. 70%以上的发明专利来自中小微企业 [EB/OL]. (2017-11-30) [2019-04-07].

[54] 中国信息通信研究院. 中国国际光缆互联互通白皮书（2018年）[R/OL]. (2018-08-29) [2020-05-11].

[55] 经济网. 中国铁塔上市一周年, 交出怎样的成绩单? [EB/OL]. (2019-08-30) [2019-12-16].

[56] 辜胜阻, 吴沁沁, 吴华君. 推进粤港澳大湾区协同发展的六大举措 [N]. 经济日报, 2018-01-11(14).

[57] 陆洲, 秦智超, 张平. 天地一体化信息网络系统初步设想 [J]. 国际太空, 2016, (7): 20-25.

[58] 人民网. 中国北斗将全面开启"全球时代" [EB/OL]. (2019-12-14) [2019-12-16].

[59] 郭倩. 多部门加快推进下一代互联网规模部署 [N]. 经济参考报, 2019-07-12(1).

[60] 人民网. 5G标准必要专利我国拥有量居全球首位 [EB/OL]. (2019-11-24) [2019-12-16].

[61] 马费成，赖茂生.信息资源管理[M].北京：高等教育出版社，2006.

[62] 人民网.各方热议大数据：2020年中国将成全球数据中心[EB/OL].(2016-05-25) [2019-05-11].

[63] 国家互联网信息办公室.数字中国建设发展报告(2018年) [R/OL].(2019-05-06) [2019-12-03].

[64] 中国新闻网.腾讯加速布局海南，将在三亚设区域总部[EB/OL].(2019-01-13) [2019-05-11].

[65] 中国互联网协会.中国互联网产业发展报告(2018) [R/OL].(2019-01-08) [2019-05-11].

[66] 新华网.政策加码信息消费快速增长进入提质时代[EB/OL].(2019-02-14) [2019-05-11].

[67] 陈传夫，马浩琴，黄璇.我国公共部门信息资源增值利用的定价问题及对策[J].情报资料工作，2011, (1)：11-15.

[68] 华为，中国软件行业协会，信息技术工科产学研联盟.中国ICT人才生态白皮书[R/OL].(2018-08-08) [2019-05-11].

[69] 中国电子信息产业发展研究院，工业和信息化部软件与集成电路促进中心.中国集成电路产业人才白皮书(2017—2018) [R/OL].(2018-08-16) [2019-05-11].

[70] 王林.芯片人才缺口40万，怎么补短板[N].中国青年报，2018-04-24(10).

[71] 陈炳欣.缺口32万，IC人才短板待补[N].中国电子报，2018-08-21(1).

[72] 观察者网.日本半导体巨头原社长坂本幸雄加入紫光集团[EB/OL].(2019-12-24) [2019-12-30].

[73] 福建省委、省政府."数字福建"建设的重要启示——习近平同志

在福建推动信息化建设纪实 [N]. 人民日报, 2018-04-20 (1).

[74] 朱金敏, 杨娟, 韩永强. 河南省信息化与工业化融合发展研究 [J]. 现代商贸工业, 2018, (8) : 1-2.

[75] 杜建云. 农村农业信息化发展现状及发展方向 [J]. 农家科技 (上旬刊), 2018, (2) : 3.

[76] 程帅. 黑龙江省农村电子商务建设策略研究 [D]. 哈尔滨: 哈尔滨工业大学, 2014.

[77] 中华人民共和国商务部. 中国电子商务报告 (2018) [R/OL]. (2019-05-30) [2019-12-28].

[78] 陈黎明. 我国信息化对产业结构优化的影响研究 [D]. 南昌: 江西财经大学, 2017.

[79] 孟月. 信息消费正从1.0阶段加速向2.0阶段跃迁 [J]. 通信世界, 2018, (5) : 16.

[80] 赛迪智库. 分享经济模式加速向制造领域渗透 [J]. 软件和集成电路, 2017, (9) : 38-39.

[81] 国家信息中心. 中国共享经济发展年度报告 (2019) [R/OL]. (2019-02-28) [2019-05-11].

[82] 虎嗅网. 区块链落地实体经济, 这个领域可能是先锋 [EB/OL]. (2018-08-14) [2019-05-11].

[83] 上海发布. "一网通办" 个人实名注册用户已达2389万, 代表委员现场考察调研 [EB/OL]. (2020-05-28)[2020-06-10].

[84] 陆俊. 重建巴比塔——文化视野中的网络 [M]. 北京: 北京出版社, 1999.

[85] 国家版权局网络版权产业研究基地. 中国网络版权产业发展报告 (2018) [R/OL]. (2018-04-23) [2019-05-10].

[86] 佟雪娜. 产业价值链视角下的移动音乐 [J]. 福建论坛 (人文社会科学版), 2012, (8) : 29-33.

[87] 中国音像与数字出版协会. 2017 年中国网络文学发展报告 [R/OL]. (2018-09-14) [2019-05-10].

[88] 巫细波, 杨再高. 智慧城市理念与未来城市发展 [J]. 城市发展研究, 2010, (11) : 40, 56-60.

[89] 葛蕾蕾, 佟婳侯, 侯为刚. 国内智慧城市建设的现状及发展策略 [J]. 行政管理改革. 2017, (7) : 40-45.

[90] 孟群, 尹新, 梁宸. 中国互联网医疗的发展现状与思考 [J]. 中国卫生信息管理杂志. 2016, 13(4) : 356-363.

[91] 周烨. 互联网医疗服务发展现状及标准化研究 [J]. 标准科学, 2018, (11) : 93-95.

[92] 比达网. 2020 年第 1 季度中国在线医疗市场研究报告 [R/OL]. (2020-06-04)[2020-06-28].

[93] 比达网. 中国移动医疗 App 产品监测报告 [R/OL]. (2018-04) [2019-05-11].

[94] 吴俊臣. 杭州市 "互联网+养老" 模式的现实应用及优化 [J]. 经贸实践, 2018, (24) : 29-30.

后　记

党中央制定的现代化路线图和时间表是在全面建成小康社会的基础上，分两步走，到 2035 年基本实现社会主义现代化，在 21 世纪中叶建成富强民主文明和谐美丽的社会主义现代化强国。要实现这一宏伟奋斗目标，需要推动新型工业化、信息化、城镇化和农业现代化同步发展。

信息化是现代化的驱动器。近年来，信息技术得到了前所未有的快速发展，大数据、云计算、物联网、人工智能等技术不断取得新突破。新一代信息技术日新月异的发展，为"四化"同步发展带来了前所未有的动能，推动各领域、各行业业态重塑和格局调整。在现代化进程中，建设科技强国、质量强国、航天强国、交通强国、健康中国、美丽中国等，实施创新驱动发展战略、区域协调发展战略、乡村振兴战略等，都离不开信息技术的支撑，需要大力推进信息化。信息化不仅是当前经济社会发展的重要特征，也是建设创新型国家、占据未来经济社会发展制高点的关键。面向未来，我国要全面建成社会主义现代化强国，必须把信息化摆在重要位置。

未来已来，唯变不变。新的时代，呼唤新的本领。党员

干部只有主动适应信息化变革，才能为国家实现治理能力和治理体系现代化打下坚实基础。希望本书有助于党员干部和互联网从业人员更好地驾驭信息化发展，在互联网时代如鱼得水、游刃有余，胜任本职、干好工作。